AF389893

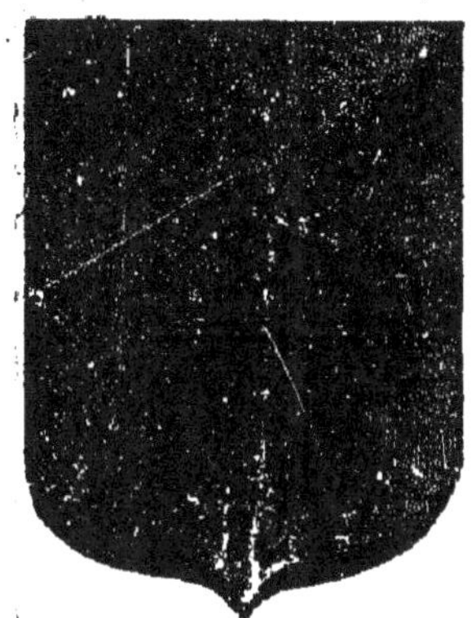

SOCIÉTÉ

DES

ARTISTES INDÉPENDANTS

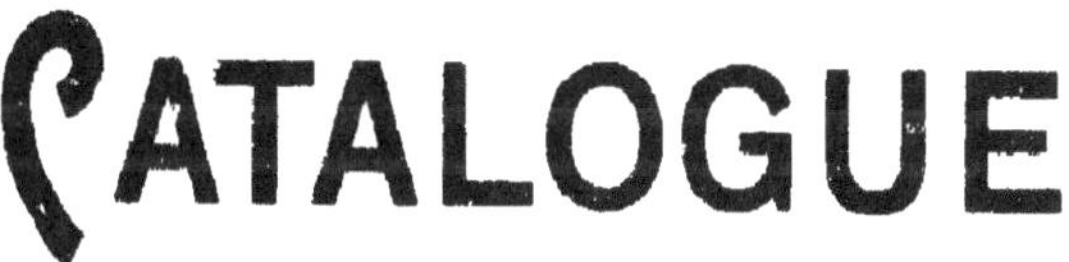

CATALOGUE

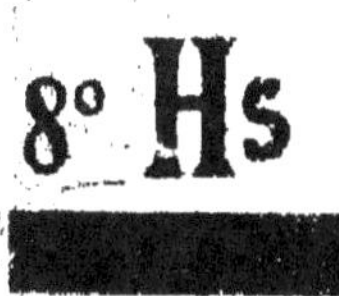

PRIX : 50 CENTIMES

1903

19ᵉ EXPOSITION

Grandes Serres de la Ville de Paris

(COURS-LA-REINE)

Du 20 Mars au 25 Avril

De 10 heures à 6 heures

La Société des

" Artistes Indépendants "

basée sur la suppression des Jurys

d'admission, a pour but de permettre aux

Artistes de présenter librement

leurs œuvres au jugement

du Public.

DUBOIS-PILLET
Membre fondateur, décédé le 17 Août 1890.

COMITÉ

Président : E. VALTON, 131, avenue Parmentier.

Vice-Président : SIGNAC
16, rue Lafontaine

Vice-Président : DAVRIGNY
76, rue de Passy.

Secrétaire : SÉGUIN
10, rue des Buissons, La Garenne-Colombes.

Secrétaire adjoint : HÉLIS, 30, rue Vernier.

Trésorier : BOISGONTIER, 3, rue Clotaire.

Membres :

MM. AGARD, 23, boulevard Gouvion-Saint-Cyr.
BAUDIN, 21, rue Berthe.
BONNARD, 65, rue de Douai.
CÉZANNE, 31, rue Ballu.
DENIS (Maurice), 59, rue de Mareil (Saint-Germain-en-Laye).
JAUDIN, 35, rue des Arts, Levallois-Perret.
LUCE, 102, rue Boileau.
MONIER, 12, rue des Artistes.
OTTOZ, 7 *bis*, rue Duperré.
PÉRINET, avenue Delaplanche, à Combs-la-Ville-Quincy (Seine-et-Marne).
POULAIN, 25, rue Gay-Lussac.
RANSON, 175, boulevard Péreire.
ROCHEFOUCAULD (A. DE LA), 19, rue d'Offémont.
SÉRUSIER, 45, avenue de Neuilly, à Neuilly-sur-Seine.

Délégué à la Presse : MELLERIO (André), 11 *bis*, rue Portalis.

Conseil judiciaire : M⁰ BIENAIMÉ, 17, rue Soufflot.

Agent comptable : A. ROUTIER, 1, rue Jouvenet.

COMMISSION DE PLACEMENT

Président : M. SIGNAC, 16, rue La Fontaine.

Secrétaire : M. PAVIOT, 32, rue des Dames.

Membres :

MM. AGARD, 23, boulevard Gouvion-Saint-Cyr.
    BONNARD, 65, rue de Douai.
    Maurice DENIS, 59, rue de Mareil, à Saint-Ger-
       Saint-Germain-en-Laye (Seine).
    Charles GUÉRIN, 14, rue Boissonnade.
    HÉLIS, 30, rue Vernier.
    JAUDIN, 35, rue des Arts, Levallois-Perret.
    LAFLEUR, 7, rue Montbrun.
    LAPRADE, 14, rue Mayet.
    LUCE, 102, rue Boileau.
    Albert MARQUE, 62, rue Bargue.
    Henri MATISSE, 19, quai Saint-Michel.
    METHEY, 3, rue du Maine, à Asnières (Seine).
    MONIER, 12, rue des Artistes.
    OTTOZ, 7 *bis*, rue Duperré.
    PETITJEAN, 12, rue du Parc-Montsouris.
    POULAIN, 25, rue Gay-Lussac.
    VALLOTON, 6, rue de Milan.
    VIEILLARD, 108, rue Caulaincourt.

Membres suppléants :

MM. BAUDIN, 21, rue Berthe.
    LEBASQUE, à Montévrain, par Lagny (S.-et-M.).
    MÉRODACK-JEANEAU, 6, rue du Val-de-Grâce.
    PIET, 38, rue Rochechouart.
    SÉRUSIER, 45, avenue de Neuilly, Neuilly-sur-
       Seine.

DÉSIGNATION [1]

ACHABEY (Hippolyte). — 7, rue du Perche, Paris.

*1 Tête de vieux bûcheron.
2 Tête de vieille femme.
3 Récolte du varech (Sables-d'Olonne).
4 Statuaire (pastel).
5 Nymphe (pastel).
6 Petit chat à vendre (pastel).
7 Portrait.
8 Portrait.

ADAM (Louis).— 46, avenue Parmentier, Paris.

9 Portrait de Mlle Gabrielle A...
10 Portait de Mlle B...
*11 Rue Saint-Vincent, à Montmartre.
*12 Crépuscule sur la Seine.
*13 Nature morte (pastel).
*14 Voulangis (Seine-et-Marne).
*15 Rue Saint-Vincent, à Montmartre (aquarelle).
*16 Un coin du Morin à Crécy-en-Brie (Seine-et-Marne).

---

(1) L'astérique placé à côté des numéros indique les œuvres à vendre.

On peut se procurer, au Secrétariat de lExposition tous les renseignements nécessaires à l'achat des ouvrages, prix des œuvres et adresses des auteurs.

AGARD (Jean-Charles). — 23, boulevard Gouvion-Saint-Cyr, Paris.

 *17 Brouillard au soleil levant.
 18 Fillette.
 *19 Pâturage en Seine-et-Oise.
 *20 Le soleil quitte la vallée.
 *21 Un village en Limousin.
 *22 L'étang.
 *23 Après le couchant.
 *24 Verdures.

ALBERT (Adolphe). — 42, rue Fontaine, Paris.

 *25 Étude d'arbre.
 *26 Au bord du fleuve.
 *27 La Seine.
 *28 Le coucher du soleil.
 *29 Le village au bord de l'eau.
 *30 La fin du jour.
 *31 Un matin gris.
 *32 Un matin doré.

ALEXANDROVITCH (Alexandre-Joseph). — 243, avenue d'Argenteuil (villa Émilie), Bois-Colombes.

 33 Portrait.
 34 Mon portrait.
 35 Étude de nu.
 36 Étude de nu.
 37 Nature morte.
 38 La rue de Palestine, à Paris.
 39 Étude.
 40 Dessin.

ALLARD (André). — 70, boul. du Montparnasse, Paris.

    *41   Soleil couchant.
    *42   Moulin près de Saint-Pol-de-Léon.
    *43   Ile Callot (baie de Morlaix).
    *44   Mer en Bretagne.
    *45   Effet de neige.
    *46   Intérieur d'atelier.
    *47   Étude de paysage.
    *48   Petit-Trianon.

ALLARD (Mme Noémi). — 70, boulev. du Montparnasse, Paris.

    *49   Eglise de Trégastel.
    *50   Effet de soir (Normandie).
    *51   Lande en Bretagne.
    *52   Lande de Trégastel.

AMORETTI (Gabriel). — 59, avenue de Saxe, Paris.

    *53   Le Pont-Neuf.
    *54   Service à thé.
    *55   Coin de table.
    *56   Le pont des Arts.
    *57   Rue de Fleury.
    *58   Chaudron et pommes.
    *59   L'Ecluse de la Monnaie.

ANGÉNIOL (Henri). — 3, route de Vitry, Ivry-Port (Seine.)

    *60   Le châtaignier.
    *61   Bords du Rhône.

***62** Le soir.
***63** Gorye le soir.

ANGRAND (Charles).— St-Laurent-en-Caux (S.-Inf.)

64 L'arbre mort.
65 Les oies effarouchées.
66 Paysan tondant sa haie.

ARNAUD (Mlle Joseph). — 5, rue Philippe-Leboucher, Neuilly-sur-Seine.

***67** Pain de sucre.
***68** In-folio.
***69** Dahlias et chrysanthèmes.
***70** Un bouquet de chrysanthèmes.
***71** Une corbeille de chrysanthèmes.
***72** Coupes et roses.
***73** Roses.
***74** Bords de la Bièvre.

ARTIGUE (Bernard-Joseph). — Blaye, par Carmaux (Tarn).

***75** La Communiante (pastel).
***76** La Bergère, effet de lune (pastel).
***77** Retour de foire (pastel).
***78** Tête d'homme (fusain).
***79** Lou Mazel (le chaudron) (croquis).
***80** Dé pa (du pain) (croquis).
***81** Retour du labour (croquis).
***82** Deux semeuses (croquis).

AUBERJONOIS (René). — 1, rue des Saints-Pères, Paris.

*83 Mère et enfant.
*84 Etude (lac).
*85 Etude (choux).
*86 Etude (lac).

AURAN (Bénoni). — 32, rue de la Santé, Paris.

*87 Liseuse.
*88 Gravière à Talaud.
*89 L'automne en Provence.
*90 Carrière.
*91 La Durance, vue de Saint-Jacques.
*92 Bords de la Durance.
*93 Lauriol Provence.
*94 Dégreneurs de Millet.

BADER (Charles-Paul). — 25, rue Merlin-de-Thionville, Suresnes (Seine).

95 Panneau peinture (étude).

BARBIER (André). — 13, quai aux Fleurs, Paris.

*96 Le Wimereux, près de Wimille.
*97 Marée basse.
*98 Printemps (notation).
*99 Le 14 Juillet à Arras (notation).

BARBILLION (Lucien). — 24, avenue de l'Observatoire, Paris.

100 Bernières-sur-Mer (paysage).
101 Bernières-sur-Mer le soir.

102 Le port de Courseulles,
103 Paysage près Compiègne.

BARON (Mme Hélène-Marie). — Bournemouth (Angleterre).

104 Aquarelle.

BATTAGLIA (Matteo). — 30, rue du Cherche-Midi, Paris.

*105 Pivoines.
*106 Les Roses.
*107 Chrysanthèmes.
*108 Gaillarde et Marguerite.
*109 Le Soir.
*110 Les Gerbes.
111 Volubilis.
*112 Chèvrefeuille.

BÄRWOLF (Georges). — Chez M. Barthélemy, 52, rue Laffite, Paris.

113 Un matin d'hiver place Pigalle.
114 Boulevard de Clichy, temps gris.
115 Effet de neige sur les toits.
116 Une cachette en Normandie.
117 Un marché à Saint-Pierre-Église.

BAUDIN (Félix). — 21, rue Berthe, Paris.

118 Diane.
119 Baigneuses.

120 Jeune rieuse.
121 A Meudon.
122 Le Côteau, à Saint-Cloud.
123 Bois de Meudon.
124 Les Iles, à Poissy.

BEAU (René). — 1, place de la Source, Issy-les-Moulineaux.

125 Buste de M. W. de Ch.

BEAU (Henri). — Chez M. Agard, 23, boulevard Gouvion-Saint-Cyr, Paris.

*126 Sous Bois.
*127 Figures.
*128 Les Saules.
*129 Effet de soleil.
*130 Effet de soleil voilé.
*131 Fillette au bord de l'eau.
*132 Meules au soleil.
*133 Meules au couchant.

BEAUFRÈRE (Adolphe). — 6, rue Vercingétorix, Paris.

*134 Parc de Saint-Cloud.
*135 Parc de Saint-Cloud.
*136 Étude d'atelier.
*137 Sapins, à Mœlan (Finistère).
*138 Sapins.
*139 Ivry.
*140 Crépuscule, parc de Saint-Cloud.
*141 Paysage.

BEBIN (José). — 5, rue des Beaux-Arts, Paris.

*142 Paysage, ferme de Molesmes (Aube).
*143 Paysage, ferme du Vannage (Aube).
*144 Paysage, ferme du Ricey-Haut (Aube).
*145 Paysage, ferme du Ricey-Haut (Aube).
*146 Paysage, ferme de Normandie (Aube).
*147 Paysage, bords de la Marne (Aube).
*148 Paysage, bords de la Marne (Aube).
*149 Paysage, Corbeil (Aube).

BER (Gaston de). — 111, rue de la Tour, Paris.

150 Académie femme rousse (pastel).
151 Portrait d'enfant (pastel).

BERLIOZ (Charles). — Rue du Bois, à Bréda (Hollande).

*152 Chênes blancs (Alpes-Maritimes).
153 Le ruisseau dans la gorge (Cévennes).
*154 Sentier (printemps dans les Cévennes).
*155 Le goulet de Villefranche.
156 Le Marais à Anvers (soir fin d'été).

BERMOND (Mlle Marie). — 208, avenue de Paris, Clamart.

157 Pont sur l'Agout.
158 Jeune fille sentant une rose.
159 Jeune fille a l'éventail.
160 Enfant courant au bord de la mer.
161 Estampe originale.

162 Estampe originale.
163 Estampe originale.
164 Estampe originale.

BERN-KLENE. — 175, Grande-Rue, Champigny (Seine).

*165 Portrait, étude vieil homme.
*166 Panorama de Champigny.
*167 Le cordonnier.
*168 La couturière.
*169 Gelée blanche à la Marne.
*170 Soleil d'hiver, Champigny.
*171 Portrait, étude jeune femme.
*172 Plaine de Champigny, neige.

BERNARD (Auguste). — 5, rue Laugier, Paris.

173 La laitière.
174 Le pêcheur de crevettes.
175 Le vieux pêcheur.
176 Le ruisseau.
177 Le village.

BERNARD (Pierre-Clairin). — 130, boulevard du Montparnasse, Paris.

*178 Marine (étude).
*179 Les bords de la Méditerranée (étude).
*180 Jardin du Luxembourg (étude).
*181 Paysage de Provence (étude).
*182 Les bords de la Méditerranée (étude).

BERRICHON (Paterne). — 18, avenue de la Frillière, Paris.

183 Portrait.
*__184__ Le cimetière d'Auteuil.
*__185__ Ravaudage.
*__186__ Pli de terrain.
*__187__ Août.
*__188__ Chemin de fer.
*__189__ Matin.
*__190__ Buste d'Arthur Rimbaud (bronze).

BEUNKE (Gabriel). — 53, rue de Dunkerque, Paris.

*__191__ Bords de la Marne (Champigny).
*__192__ La Seine au pont Marie et le port Louvier.
*__193__ La Marne à Chennevières.

BIETTE (Jean-François). — Saint-Michel-sur-Orge (Seine-et-Oise).

194 Nature morte au paravent.
195 Nature morte (pochade).
196 Étude de paysage.
197 Étude de fleurs.
198 Notes à l'aquarelle.
199 Notes à l'aquarelle.
200 Aquarelle.
201 L'anse des pilotes au Havre (aquarelle).

BICHAIN (Paul). — 11, rue Eugène-Süe.

*__202__ Descente de croix.
*__203__ Les bulles de savon.

*204 Automne (paysage, île Saint-Ouen).
*205 Mairie de Saint-Ouen.
*206 Chez le marchand de vins.
*207 Les pommes.
*208 Récureuse.
*209 Portrait.

BLOECKER (Mlle Élisabeth). — 9, rue de la Grande-
Chaumière, Paris.

210 Au treillage.
*211 Chrysanthèmes.
*212 Lasse (fille en forêt).
*213 Paysage allemand.
*214 Soir à Étaples.
*215 Paysage allemand.
*216 Paysage de Joinville.

BODSON (Elie). — 2, passage Dantzig, Paris.

217 Masque (cabotin).
218 Masque (satyre).

BOITARD (Justin). — 12, rue Faidherbe, Paris.

*219 Vallée de la Bièvre.
*220 Paysage (aquarelle).
*221 Le bois de Vincennes (aquarelle).
*222 Paysage (aquarelle).
*223 Paysage (aquarelle).
*224 Pies à vendre.
*225 Paysage (aquarelle).

BOISGONTIER (Henri). — 3, rue Clotaire, Paris.

*226   Les blés murs (Chevreuse).
*227   Le Croisic (pluie).
*228   Automne (brouillard).
*229   Solitude (coucher de soleil).
*230   Lever de lune.
*231   Une mare (soir).
*232   Église de campagne.
*233   Bords de l'Ivette.

BOISSIER (Gaston-Maurice-Émile). — 56, rue Boissière, Paris.

*234   Bords de Marne.
 235   Nature morte.
*236   L'église de Ste-Aulde (Seine-et-Marne).
*237   Étude.
*238   Sous bois.

BOMPAR (Mlle Lia de). — 27, boulevard Bineau, Levallois-Perret.

*239   La Création.
*240   Pauvre Médor !
*241   Il neige.
*242   Nice. Après la bataille.
*243   Le repos du dimanche.
*244   La promenade des moines, au bord du
         taillis,
*245   Marguerite, réponds ! M'aime-t-il?
*246   La petite casse-tout, brise-tout.

BONNAL (Mme O.). — 229, faub. St-Honoré, Paris.

247 Étude.
248 Étude.
249 Étude.
250 Joueuse de Mandoline.
251 Joueuse de Mandoline.

BONNAMY (Louis). — 5, rue d'Alençon, Paris.

252 Portrait.
*__253__ Vue de chaumes (Seine-et-Marne).
254 Le chèvrefeuille.
*__255__ Le rû de Brégeon (Seine-et-Marne).
*__256__ La ferme de Thiou (Seine-et-Marne).
*__257__ Le pommier de Chine.

BONNARD. — 65, rue de Douai, Paris.

258 Portrait.
*__259__ Tryptique.
*__260__ La lettre.
*__261__ Paysage.
*__262__ Étude.
*__263__ Coin de rue.

BONNET (Auguste-Michel). — 114, rue du Temple,
Paris.

264 Paris. Pont Saint-Louis.
265 Vieux bouquins.

BOTKINE (Michel). — 20, rue Galvani, Paris.

*266   Tête de femme brune.
267   Femme au corsage rouge.
268   Femme florentine.
*269   Femme aux bandeaux.
*270   Etude de marine.
271   Etude de forêt.
272   Ronde dans une forêt.
273   Nature morte.

BOUCHE (George). — 24, rue Morère, Paris.

*274   Intérieur.
*275   Paysage (boulevard Arago).
276   Portrait.
*277   Paysage (Le Rhône à Lyon).
*278   Intérieur.
*279   Au beuglant (Barcelone).
*280   Femme cousant.
281   Portrait.

BOUDET (Gustave). — 5, rue Le Verrier, Paris.

*282   Rochers de l'Estérel.
*283   Le Trayas (Esterel).
*284   L'Allier à Coudes.
*285   Mare de Franchard (Fontainebleau).
*286   La Seine au Petit-Andely.
*287   Le Château-Gaillard (Petit-Andely).
*288   Les rochers du Trayas.
*289   Les blés à Saint-Chéron.

BOUDOT-LAMOTTE (Maurice). — 56, rue Dammartin, à Mantes-la-Jolie (Seine-et-Oise).

290 Portrait.
*291 Etude à Rilly-la-Montagne.
*292 Au jardin (esquisse).
*293 Coq et poule (deux esquisses).
*294 Pot de grès (nature morte).
*295 La théière (nature morte).
*296 Pommes (nature morte).
*297 Oranges et citrons (nature morte).

BOURGEOIS (André). — 19, rue du Val-de-Grâce, Paris.

298 6 pochades.
299 Portrait de jeune homme.
*300 Farniente.
301 La bisaïeule (portrait).
302 Portrait de cuirassier.
*303 La Marne à la Varenne.
304 A la lampe (portrait).
*305 Le *Tour du Griffon*, à Provins, le soir.

BOUSQUET (Charles). — 11, rue de la Tour, Paris.

*306 Orage sur Duingt, lac d'Annecy (Haute-Savoie),
*307 Duingt (lac d'Annecy).
*308 Matin (lac d'Annecy).
*309 L'arc-en-ciel (lac d'Annecy).
*310 Une ferme sur la falaise (Tréport).
*311 Allée sous bois.
*312 Automne sous bois.
*313 Fin d'hiver sous bois.

BORWITZ (Mlle Rose de). — 9, rue Campagne-Pre-
mière, Paris.

***314** Une avenue à Jieut.
***315** Une belle soirée à Schoengeisingen.
***316** L'église à Schoengeisingen.
***317** Un mois de septembre à Schoengei-
singen.
***318** Nature morte à l'huile.
***319** Nature morte au fusain.
***320** Un bouquet de fleurs.
***321** Dessin pour un coussin à broder en
velours et soie.

BOY (Michel). — 31, rue Saint-Louis, Versailles.

322 Femme au narghilé.
323 Grenades.

BLIVES (Roger de). — 92, rue du Bac, Paris.

***324** Etude de montagne.
***325** Lac sur la montagne.
***326** Sommets.
327 Village de montagne.
***328** Pochade.
329 Dessin (étude).
***330** Dans la montagne.

BRÉAL (Auguste). — 7, rue de la Santé, Paris.

***331** Jeune femme en bleu.
***332** Jeune femme en gris.
***333** Jardin de cottage (Kent).

***334** Reflets (nature morte).
***335** Intérieur de cottage.
***336** Liseuse.
***337** Renoncules et anémones.
***338** OEillets.

BRÉARD (Henri). — 8, rue Desbordes-Valmore, Paris.

***339** Grenades et raisins.
***340** Bouquins.
***341** Nature morte.
***342** Le Chandelier d'argent.
***343** Meudon, juin 1902.
***344** Coin d'atelier.

BREVET (Julien). — 139, rue du Ranelagh, Paris.

345 Bassin du Havre (Oudon).
346 Baigneuse.
347 Rives du Havre.
348 Le soir, vallée du Havre.
349 Plage d'Eculenville (Manche).
350 Rives de la Loire.

BRIAUDEAU (Paul). — 21, quai de Bourbon.

351 La Marne à la Varenne-Saint-Hilaire, nuages blancs.
352 La Marne à la Varenne-Saint-Hilaire, l'Ecu de France.
353 La Marne à la Varenne-Saint-Hilaire, ciel gris.

354 La Marne à la Varenne-Saint-Hilaire, le matin.

355 La Marne à la Varenne-Saint-Hilaire, le pont.

356 La Marne à la Varenne-Saint-Hilaire, l'île.

357 Soir à Locquirec (Finistère).

358 Soir sur la Sèvre Nantaise.

BROCKMAN (Charles). — 23, place du Théâtre, Bruges (Belgique).

***359** Sur les remparts, soir.

***360** Une chaumière belge.

***361** Sur les Dunes.

BRUNELLESCHI (Humberto). — 9, rue Campagne-Première, Paris.

***362** Portrait de l'auteur.

***363** Portrait de l'auteur (aquarelle).

***364** Portrait de G. C., peintre.

***365** Portrait de A. M., peintre.

***366** Il Bottaccio.

***367** Soir.

***368** Étude de Printemps (pastel).

***369** Aux Fortifications (pastel).

BURGUN (Georges-Marcel). — 32, route des Moulineaux, Issy-les-Moulineaux (Seine).

***370** Les côtes d'Oran.

***371** La rue de la Casbah, à Oran.

*372 Promenade de Létang, Oran.
*373 Vieille mosquée, Oran.

BUTLER (Théo-Earl). — Jiverny, par Vernon (Eure).

*374 Automne.
*375 Etude du soir.
*376 Matin.
*377 Brouillard matinal.
*378 Un champ ds coquelicots.
*379 Etude faite aux Andelys.
*380 La Seine à Vernon.
*381 Une briqueterie.

CALDAIN (Jean de). — 103, rue de Vaugirard, Paris.

*382 Femme consciente dans le mal.
*383 Püssima Virgo Sparia.
*384 Femme consciente dans le mal.
385 Femme consciente dans le mal.
386 Femme consciente dans le mal.
387 Femme consciente dans le mal.
*388 Etude pour une contemporaine.
*389 Etude.

CAMOIN (Charles). — 13, rue Saint-Florentin, Paris.

*390 Portrait de M. Signoret dans « les Remplaçantes ».
391 Portrait de M. C...
392 Portrait de Mme C...

393 Portrait de Mlle L... (pastel).
***394** Paysage (bord de Seine).

CANABATE (Marcel). — 33, rue Jacob.

***395** Jeune femme (peinture).
***396** Jeune femme (peinture).
***397** Jeune femme (pastel).
***398** Dans les branches (peinture).
***399** Derniers rayons (peinture).
***400** Paresse (peinture).
***401** Sur la jetée (peinture).

CAREMBAT (Louis). — 11, passage Alexandre,
Paris.

***402** Un détour de l'Aven (Finistère).
***403** La Roche noire (Concarneau).
***404** 4 Études (Ardennes).
***405** Chapelle de Tremalo (Finistère).
***406** Puits à Kéramperché (Finistère).
***407** Vanne du moulin Duplessis (Finistère).
***408** Les Roches roses à Pont-Aven.
***409** Temps gris à Clamart.

CARIOT (Gaston). — Périgny-sur-Yères, par Man-
dres (Seine-et-Oise).

Le Poème des Saisons (fragments) :
410 Floréal.
411 Thermidor.
412 Messidor.
413 Messidor.

414 Fructidor.
415 Vendémiaire.
416 Brumaire.
417 Frimaire.

CARNY (Emilien). — Beuzeval-Houlgate (Calvados).

*418 Cesny-aux-Vignes (Calvados).
*419 L'embouchure de la Dives.
*420 La Divette, rivière (Calvados).
*421 Chemin dans la vallée de la Dives.
*422 Le Port de la Dives.
*423 L'Eglise de Dives.
*424 Le Château de Careil.
*425 La vallée de la Dives.

CARRÉ (Raoul). — 12, rue de Navarin, Paris.

*426 Marché aux oies, en Poitou.
*427 Procession en Normandie.
*428 Petit voleur de pommes.
*429 Au Jardin du Luxembourg.
*430 Reposoir de la Fête-Dieu en Poitou.
*431 Au parc Monceau.
*432 Procession en Poitou.
*433 Paysage limousin.

CAVALLO-PÉDUZZI. — 11, Ruelle-aux-Prêtres, à Lagny-sur-Marne.

*434 Epilogue (pastel).
*435 Gouvernes (pastel).
*436 Chalifert (aquarelle).

*437 Tannerie, à Lagny (aquarelle).
*438 Marne à Chessy (pastel).
*439 Les Petits-Bons, à Dampnart (pastel).
*440 Vieux chemin à Chessy (pastel).
*441 Printemps (peinture à l'huile).

CEDERLUND (Gustaf). — 117, rue Notre-Dame-des-Champs, Paris.

442 Dimanche matin.
443 Mendiante.
444 Travail fini.
445 La lettre.

CHAPUIS (Pierre-Marie-Alfred). — 12, rue de La Condamine, Paris.

446 Portrait de ma fille.
447 Portrait de Mme L.
*448 Les bateaux à Trouville.
*449 Neige à Paris.
*450 Une rue à Saint-Lô (Manche).
*451 Dans un jardin à Trouville.
*452 Le soir sur les hauteurs de Trouville.
*453 Le village de Saacy (Seine-et-Marne).

CHARMY (Emile). — 61 *bis*, boulevard Beauséjour, Paris.

*454 Anémones.
*455 Pivoines.
*456 Pêches, raisins.
*457 Chrysanthèmes.

***458** Portrait d'enfant.
***459** Lilas.
***460** Fantaisie.
***461** Fantaisie.

CHASSEVENT (Louis). — 56, rue de l'Abbé-Groult, Paris.

***462** Le Matin.
***463** Le Calvaire.
***464** La Seine à Verneuil.
465 Lever de lune.
***466** L'étang de Pierrefonds.
***467** Dans la brume.
468 Le bois.
***469** Le nuage.

CHASSING (Ferdinand). — 83 *bis*, boulevard Richard-Lenoir, Paris.

***470** Avoines en fleurs.
***471** Blés mûrs.
***472** Blés et avoines.
***473** Avoines mûres.
***474** Étude en plaine.
***475** Au bord de l'Oise.

CHATEIGNON (Ernest). — 47, rue Lannois, Levallois-Perret.

***476** La nuit dans la baie de Concarneau.
***477** Veille de noce (Finistère).
***478** Un brin de causette (Finistère).

*479 Sur la route (Côtes-du-Nord).
*480 Maréchal-ferrant.
*481 Récolte des pommes (Finistère).
*482 La traite.
*483 Dans l'attente (Finistère).

CHATELLIER (Charles-Édouard). —8, rue de Musset, Paris.

*484 La rieuse.
*485 Bretonnes au bord de la mer (Concarneau).
,486 Bretonne de Beuzec.
*487 Paludière, du Bourg de Batz.
*488 Fillette au pannier.
*489 Le mousse.
*490 Enfants bretons.
*491 Effet de nuit (cimetière de Dives).

CHATELLIER (Henri). — 8, rue de Musset, Paris.

*492 Coucher de soleil (Ile Bréhat).
*493 Fin de journée pluvieuse (étude).
*494 Sur la plage.

CHEVALLIER (Fernand). — 40, rue Muller, Paris.

495 Le lion chez lui.
496 Tigre (étude).
497 Le roi boit.
498 Lion devant son repaire.
499 Près de l'oasis.
500 Études des fauves.

501 Route près Clermont-Ferrand (Auvergne).

502 Carrière près Royat (Auvergne).

CHRISTA (Elise). — 75, boulevard de Clichy, Paris.

503 Cap fortifié.
504 Côte de Provence.
505 Une maison à Antibes.

CLARY-BAROUX. — 203-205, rue Lafayette, Paris.

*506 Les Chalands (port de Saint-Denis).
*507 Le Moulin qui se mire (Torcy).
*508 Matinée d'Été (Villeneuve-la-Garenne).
*509 Matinée d'Automne (Gournay-s.-Marne).
*510 L'Automne, petit bras (Gournay-sur-Marne).
*511 Effet de neige (Garges, près Gonesse).
*512 Printemps à Nesles-la-Vallée.
*513 La Tamise, Tower-Bridge (London).

CLESS (Eugène). — 8, rue de la Boissière, Fontenay-aux-Roses (Seine).

*514 Une rue à Fontenay.
*515 Avoines.
*516 Villas de banlieue.
*517 Automne.
*518 Falaises à Mesnil-Val.
*519 Lumière du soir.
520 Enfant à la poupée.
*521 Meule à Bagneux.

CLOUARD (Albert). — Villa de Kerglaz, à Perros-Guirec (Côtes-du-Nord).

*522 Comment saint Guirec vint en Bretagne.
*523 Les Veuves.
*524 Les Vanneuses.
*525 Feu de Saint-Jean.
*526 La Rade de Perros.
*527 Sonneurs de biniou.
*528 Lever de lune.
*529 Ma maisonnette ou Marée basse.

COEURET (Alfred-Léon). — 26, rue de la Tombe-Issoire, Paris.

530 Un boulevard de Paris le matin.
531 Un boulevard de Paris l'après-midi.
532 Un boulevard de Paris la nuit.
533 Un boulevard de Paris par un temps de pluie.
534 Place du Théâtre-Français la nuit.
535 Étude de tête (homme).
536 Étude de tête (femme).

COLLOT (Charles). — 31, avenue d'Eylau, Paris.

536 *bis* Amour maternel.

CONCHA (Mme Virginie). — Villa du Châtaignier, à Cannes (Alpes-Maritimes).

537 L'Esterel.

CONTANT (Jules). — 89, quai Ulysse-Besnard, Blois (Loir-et-Cher).

538 Concarneau.
*539 Blois (matin).

***540** Le Var.
***541** Cagnes (matin).

CORDIER (Albert-Louis). — La Ferté-sous-Jouarre
(Seine-et-Marne).

542 La Moisson, le matin, à La Ferté-sous-
Jouarre.
543 Le village de Reuil, temps orageux.
544 Bateau-Lavoir sur la Marne, à La Ferté-
sous-Jouarre.
545 Chrysanthèmes dans un pot allemand.
546 La Marne à La Ferté-sous-Jouarre.
547 Un coin de La Ferté-sous-Jouarre (vue
prise d'une fenêtre).
548 Courcelles-sous-Jouarre (S.-et-M.)
549 Village de Courboin (Aisne).

COULON (Henri). — 37, rue de Châteaudun.

***550** Bords de la Seine.
***551** Fresselines (aquarelles).
***552** La Creuse.
***553** Le confluent des deux Creuses.
***554** Le Moulin de Vervy (Creuse).

COURCHÉ (Félix). — 20, rue Demarquay, Paris.

***555** Jeune fille aux pivoines (pastel).
***556** Usines électriques (faubourg St-Denis).
***557** Jeune fille aux roses (pastel).
***558** Une ruelle à Taverny (Seine-et-Oise).

*559 Pommiers en fleurs, Taverny (Seine-
et-Oise).
*560 Paysage, à Taverny (Seine-et-Oise).

COUSSEDIÈRE (Charles). — 52, rue Lafitte, chez
M. Barthélemy.

*561 Sente d'Anvers.
*562 Soir à La Frète.
*563 La Seine au pont de la Concorde.
*564 Bords de l'Oise (Chaponvals).
*565 Sentier au bord de l'Oise.
*566 Parc Monceau.

COUSTURIER (Lucie). — 20, rue Théophile-Gautier,
Paris.

*567 Coin de jardin.
*568 Les bégonias.
*569 Le halage à Sannois-sur-Seine.
*570 Nature morte.
*571 Jouets.

CROSS (Henri-Edmond). — 123, rue de la Tour,
Paris.

*572 Méditerranée par vent d'est.
*573 Jardin.
*574 Amandiers en fleurs.
 575 La plage ombragée.
*576 La joyeuse baignade.
*577 Aquarelle.
*578 Aquarelle.
*579 Bois de pins.

DARBOUR (Mme). — Château d'Uzos, par Pau (Basses-Pyrénées),

580 Etude.
581 Etude.
582 Etude.
583 Etude.
584 Etude.
585 Etude.
586 Etude.
587 Etude.

DARDY (Albert). — 12, rue Guichard, Paris.

***588** Soir d'été rue Guichard (huile).
***589** Coucher de soleil sur la mer (pastel).
***590** Effet de neige dans la forêt de Mont-morency (huile).
591 Portrait de Mme A. D. (étude aux couleurs Raffaëlli).
592 Portrait de M. Emile Dardy, adjoint au maire du XVIe arrondissement (couleurs Raffaëlli).
***593** Départ de bateaux pêcheurs (crayon).
***594** Poste de Jardin à Brunoy (propriété des Choquets).

DAVID (Léo). — Libourne (Gironde).

594 bis 1o Deux vues prises à Port-des-Barques (Charente-Inférieure), aquarelles.
2o Une rue à Pons, près Eaux-Bonnes,
3o Vieilles maisons à Salies de Béarn.
4o Bords du gave d'Ossau, près Laruns.
5o Maisons près Laruns.

DAVIDENKO (Mme Elise de). — 17, rue Boissonnade, Paris.

***595** Souvenirs de Corse (dessin).
***596** Souvenirs de Corse (dessin).
***597** Souvenirs de Corse (dessin).
***598** Souvenirs de Corse (dessin).
***599** Souvenirs de Corse (dessin).
***600** Souvenirs de Corse (dessin).
***601** Souvenirs de Corse (dessin).

DEBORNE (Robert). — 23, rue Denfert-Rochereau, Paris.

602 Femme ajustant son corset.
603 Femme aux estampes.
604 Chrysanthèmes.
605 Le Pont-Vieux sur l'Escoutail, à Viviers.
606 Le rocher de Château-Vieux, à Viviers.
607 Route longeant un mur, à Viviers.
608 Vue de Viviers, le soir.
609 Vue de Viviers, le matin.

DEBRAUX (René). — 13 *bis*, rue du Marché, Neuilly-sur-Seine.

***610** Dans la montagne (Suisse).
***611** Un chemin le soir.
***612** La route du Col-des-Roches (Suisse).
***613** La vallée des Brenets (Suisse) (panorama).
***614** La route de Monthodon (temps gris).
***615** Derniers rayons sur la dune.

*616 A Monthodon, vers le soir (Touraine).
*617 Une rue de hameau en Touraine.

DELANNOY (Aristide).—88, avenue du Maine, Paris.

*618 Louis Will, batelier.
*619 Noël Durand, mineur.
*620 Nature morte.
*621 Tête d'étude.
*622 Paysage à Beuvry (Pas-de-Calais).
*623 Rue à Clamart.
*624 Petit mineur (pochade).
*625 Aquarelle pour illustration.

DELARIVES (Henri). — 3, rue de l'Abbé-de-l'Épée, Paris.

*626 Roses
*627 Pommes et fromage.
*628 Nature morte.
*629 Pommes et raisins.
*630 Violettes.
*631 Effet du matin.
*632 Effet du soir.

DELARUE LE FEBVRE (Mme Cécile). — 91, rue Blomet, Paris.

*633 Fruits d'automne.
*634 Cuivre et étain.
*635 Les huitres.
*636 Au Luxembourg (paysage).
*637 Coucher de soleil sur la Loire.

***638** Le vieux moulin à Dennemont.
***639** · Les champs de Bonnières.
***640** . Lisière de forêt à Clamart.

DELAUNAY (Pierre). — 7, rue des Ternes, Paris.

641 8 études (Bretagne); 1 étude (Champagne.
642 Parc Monceau.
643 L'usine Thiébault.
644 Lisière du bois à Longchamp.
· **645** Automne : Platanes et peupliers.
646 Côte de Bretagne.
647 Route en Bretagne, soleil couchant.
648 Lac Saint-James.

DELÉCLUSE (Eugène). — 84, rue Notre-Dame-des-
Champs, Paris.

***649** Marais (peinture).
***650** Le rocher noir (peinture).
***651** La maison blanche (peinture).
***652** Le chemin de sable (peinture).
***653** Repos (peinture).
***654** La Tamise (monotype).
***655** Blackfriars Bridge (monotype).
***656** Cottage, Wales (monotype).

DELEPOUVE (Henry). — 53, rue de Lisbonne, Paris.

***657** Champs-Élysées (hiver).
658 Marché aux fleurs (Madeleine).

659 Parc Monceau (été).
660 Madame et sa nounou.
661 Bonnes anglaises.
662 Coin de fête (La Bouille).
663 Sacha et mère Pouve.

DELIGNY (Hubert-Henri). — 168, faubourg Saint-Honoré, Paris.

*664 Au camp de Coëtquidan (Morbihan).
*665 La Seine au pont d'Austerlitz.
*666 Le viaduc de Wimereux (Pas-de-Calais).
*667 La vallée de Wimereux et le village de Wimille.
*668 Joueur de guitare.
*669 Le laboratoire de la Pointe aux Oies, près de Wimereux (Pas-de-Calais).
*670 Enfants au bas d'une dune de sable, à Wimereux (Pas-de-Calais).

DELTOMBE (Paul-Edmond). — 12, rue Charles-d'Ivry, Paris.

*671 Groupe gai.
*672 Sapins ensoleillés.
*673 La vieille ferme.
*674 Jardin en Août.
*675 Lointains dans les Vosges.
*676 Terre rouge dans les Vosges.
*677 Cloître de Saint-Dié.
*678 Le petit jardin.

DENIS (Maurice). — 59, rue de Mareil, Saint-Germain-en-Laye.

    679 Le coup de lance (fragment de la décoration de la Chapelle du Sacré-Cœur, église du Vésinet).

    *__680__ Maternité.

    *__681__ L'escalier.

    *__682__ Pardon de la Clarté en Perros-Guirec (soir).

    *__683__ Pardon de Loctudy (soleil).

    *__684__ Pardon de Sainte-Anne-la-Palud (pluie).

    *__685__ Intérieur.

    *__686__ Intérieur.

DEROUSSE (Mlle Blanche), — 78, rue du Faubourg-Saint-Denis.

    687 Femme au chat (eau-forte).

    688 Marie Stuart (eau-forte).

    *__689__ Nature morte (aquarelle).

    690 Mlle G... (aquarelle), appartient au docteur G...

    *__691__ V. Van Gogh (aquarelle).

    *__692__ Pavots (aquarelle).

    *__693__ Andréa et sa sœur (aquarelle).

    694 Portrait du docteur G... (eau-forte).

DERVAUX (Eugène). — 22, rue du Vieil-Abreuvoir, Saint-Germain-en-Laye.

    *__695__ Le soir, parc de Saint-Germain.

    *__696__ Souvenir de Bretagne.

    *__697__ Automne.

DESCHLY (Mme Irène). — 12, rue Notre-Dame-des-Champs.

*698   Chants d'oiseaux.
*699   Au Petit Mail.
*700   Les Heures tristes.
*701   Les Heures douces.
*702   La toilette du Modèle.
*703   Une Visite.
*704   Orange.

DESTABLE (J.-B. Frédéric). — 2, rue Ambroise-Paré, à Paris.

*705   Boulogne-sur-Mer (la porte Gayole).
*706   Boulogne-sur-Mer (la rue du Machicoulis).

DEVARENNE (Anatole). — Andeville (Oise).

*707   Déjeuner rustique.
*708   Nature morte.
709   Après le déjeuner.

DEVILLE (Jean). — 161 boul. du Montparnasse, Paris.

*710   Gros arbres.
*711   Au bord de l'eau.
*712   Parc.
*713   Parc.
*714   Parterre de fleurs.

DEVINAT (François). — 20, rue Franklin, à Saint-Germain-en-Laye (Seine-et-Oise).

*715   Clairière aux bouleaux.
*716   Le chemin de Bouvet (matin).
*717   « Trois aquarelles » : une route des Loges (St-Germain); une vue prise à Wassigny (Aisne); trois sous-bois (esquisse).

DIRIKS (Edvard), 18, rue Boissonnade, Paris.

*718   Ancienne poudrière au bord de la mer.
*719   Petite rue de Drœbak (Norvège).
*720   Le bateau brise-glace (Norvège).
*721   Départ du courrrier, bourrasque (Norvège).
*722   Eté.
*723   Soir, quartier de fabriques (Paris).
*724   Rue Cassette (Paris).

DOMINGUES (J.). — Tournedos-sur-Seine (Eure).

*725   Meules.
*726   Bords de la Seine.
*727   Seine à Poses.
*728   Mare (couchant).
*729   Bouleaux et bruyères.
*730   Groupe d'arbres (hiver).

DORIGNAC (Jorje). — 15, Grande-Rue, Sèvres (Seine-et-Oise).

*731   Aquarelles.
*732   Mme A.-F.

***733** Suzanne.
***734** Profil.
***735** Pastel.
***736** Coquelicots.
***737** Jeune femme en blanc.
***738** Souvenirs d'Espagne.

DRUARD (P.). — 23, quai Bourbon, Paris.

739 Le soir.
740 Notre-Dame (soleil couchant).
741 Étude de bois.
742 Les bouleaux.
743 Sous bois.
744 Clair de lune.

DUBÈCHOT (Marius). — Hôtel des invalides, Paris.

745 Lac de Sarnen et col du Brünig (Suisse).
746 Bords de la Seine, à Auteuil.
747 Bords de la Seine (Ile des Cygnes).
748 Bords de la Seine (Pont de l'Alma).
749 La *Belle Image* (Charentonneau).
750 Vieux moulin (Charentonneau).
751 Brouillard d'hiver (Charentonneau).

DUBRAY (Jean-Paul). — 22, rue Beautreillis, Paris.

***752** Promenade sentimentale (lithographie).
***753** Fleur de pavé (lithographie).
***754** Maladie (lithographie).
***755** Chemineau (pastel).
***756** Femme au soulier (pastel).

*757 Pensée douloureuse (dessin rehaussé).
758 Portrait de M. X... (dessin rehaussé).
759 André Salis, dit Bibi-la-Purée (buste).

DUCROT (Victor). — Chemin des Fonts, 7, à Sainte-
Foy-lès-Lyon (Rhône).

*760 Les blés.
*761 Un temps gris.
*762 L'étang de Pusignieu.
*763 Le petit ruisseau.
*764 Un coin de mon jardin.
*765 Etude d'arbres.
*766 Le vallon des Fonts.
*767 Bergère et moutons.

DUFRÉNOY (Georges-Léon). — 21, quai Bourbon,
Paris.

*768 Vieil escalier dans le Rhône.
*769 Palais Pisani, Venise.
*770 Vue sur la Sainte-Chapelle.
*771 Nature morte, Venise.
*772 Vue sur le Pont-Neuf.
*773 Vue sur le Pont-Neuf.
*774 Nature morte et paysage.
*775 Nature morte et paysage.

DUFY (Raoul). — 15, rue Victor-Massé, Paris.

776 Plage (aquarelle).
777 Plage.
*778 Plage.

*779 Fête foraine.
*780 Montmartre, la rue de Norvins.
781 Montmartre, la rue Lepic.
782 Montmartre, la place du Tertre, le 14 Juillet.
*783 Le carnaval.

DUPONT (Victor). — 2, passage Dantzig, Paris.

*784 L'enfant dort.
*785 Enfant à la chaise.
*786 Matin pluvieux à Aunay-sur-Lens.
*787 Soissons, après-midi de mai.
*788 Maternité.
*789 Coin de jardin, été.
*790 Marais à Aunay-sur-Lens.
*791 Portrait de M. G.

DURAND (Joannès). — 58, rue de la République, Lyon.

*792 Grand bar.
*793 Café-concert.
*794 Intérieur.
*795 Petit bar.
*796 Paysage.
*797 Paysage.
*798 Chanteuse.
799 Tête de femme.

ELDH (Carl-Johan). — 70 bis, rue Notre-Dame-des-Champs, Paris.

800 Ma mère, statue en plâtre.
801 Devant l'asile de nuit.

ELEN (Mlle Mia). — 23, boul. Gouvion-St-Cyr, Paris.

***802** Chrysanthèmes.
***803** Boules de neige et mimosas.
***804** Roses.
***805** Étude.
***806** Paysage.

ERDÈS (Paul). — 18, impasse du Maine, Paris.

***807** La magicienne Circé.
***808** Printemps (1er de 4 panneaux décoratifs.)
***809** Fœdora.
***810** Portrait de Mlle M...
***811** Portrait de Mlle M.-L.-J...
***812** Bassin dans le parc de Versailles.
***813** Porte de ferme à Trianon.
***814** Montmartre vu du Père-Lachaise.

FABER DU FAUR (Hans von). — Rue Notre-Dame-des-Champs, 83.

***815** Etude d'un nègre (peinture à l'huile).
***816** Promenade au bord de la mer (aquarelle).
***817** Avant le combat (peinture à l'huile).
***818** Rendez-vous de chasse (peinture à l'huile).
***819** La revue (peinture à l'huile).
***820** Les guerriers (peinture à l'huile).
***821** La balle d'or (peinture à l'huile).
***822** Étude (peinture à l'huile).

FÉLIX (Léon-Pierre). — 88, boul. Péreire, Paris.

*823 Les falaises de St-Pierre-en-Port.
*824 En Province : Vieilles gens et vieilles maisons.
*825 Le trèfle rouge.
*826 Les petites Dalles, brume matinale et soleil.
*827 Le Nuage.
*828 Après-midi d'automne.
*829 La Seine au Pont d'Austerlitz en hiver.
*830 La vague — gros temps.

FESNEAU (Auguste-Henri). — 18, avenue Philippe-Auguste, Paris.

*831 La Gorge-aux-Loups (Fontainebleau).
*832 Vent d'ouest (marine).
*833 Neige et soleil.
*834 La Basse des Rupts (Vosges).
*835 Le lac de Retournemer (Vosges).
*836 Etude de crevettes (nature morte).
*837 Bouilloire anglaise (nature morte).
*838 Citrons (nature morte).

FLEURY (Georges-Pierre). — 44, rue des Bois, Paris.

839 Coin d'atelier (chats).
840 Les Pigeons.
841 Fond de jardin.
842 Pot de fleurs sur chaise.
843 Pot de lilas.
844 Intérieur (figure).

845 Maisons.
846 Petit chat.

FLORÈS (Ricardo-Georges). — 6, rue Vercingétorix, Paris.

847 Portrait.
*848 Chaumières à Ploaré (Finistère).
*849 Chaumières à Douarnenez (Finistère).
*850 Chaumières à Clécy (Calvados).
*851 Rue à Alençon.
*852 Petite église de Moëlan (Finistère).
*853 Le port de Douarnenez (Finistère).
*854 Le Noyer, Clécy (Calvados).

FLUCHAIRE (Octave). — 102, rue du Cherche-Midi,
Paris.

855 Portrait d'homme.
856 Nature morte, légumier.
857 Effet de neige sur les Alpes.
858 Effet de neige sur les Alpes.
859 Fin de jour sur les Alpes.
860 Paysage après la pluie (Luxembourg).
861 Paysage, automne sur les Alpes.
862 Paysage, soleil après l'orage (Alpes).

FONTANET (Raymond). — 31, rue Cler, Paris.

*863 La rue Berthou (Passy).
*864 Effet de neige au quai de Passy.
*865 Pont de la Concorde.
*866 Trocadéro (soleil).

*867 Trocadéro (brume).
*868 Quai de l'Hôtel-de-Ville.
*869 L'île des Cygnes.
 870 Hauteurs de Cormeilles.

FORAIN (Jean-Louis). — 30 bis, rue Spontini, Paris.

*871 Peintre et modèle.
*872 Au Palais.
*873 Un procès « au Civil ».
*874 Coulisse de Théâtre.

FOUNTAINE (Raphël-Auguste). — 59, rue Lepic, Paris.

 875 Femme à sa toilette (étude)
 876 Nature morte.
 877 Portrait de la pianiste miss Maud (pastel).
 878 Seule !
 879 Le vieux moulin.
 880 Heures noires (fragment de triptique) non achevé.

FOURNIER (Georges). — 90, rue d'Assas, Paris

*881 La Meuse à Rotterdam.
*882 Vue de Dordecht.
*883 Le matin rue Lamartine.
*884 Environ de Meudon.
*885 Vue de Rotterdam.

FOURNIER (Marcel). — 31, rue Fontaine, Paris.

*886 Ruines du château d'Hérisson (le matin).
*887 Village d'Hérisson (le matin).
*888 Les Moissons.
*889 Prairie en Bourbonnais (matinée d'automne).
*890 Lever de soleil au printemps (chandelle).
*891 Les Meules.
*892 Gorge de l'Aumance (étude).
*893 Matinée d'automne (pochade).

FOURNIÈRE (G.-M.-J. de la). — 4, Cité d'Antin, à Brest (Finistère).

*894 La clairière.
*895 Le gué.
*896 Dans le port (effet de soir).
*897 Sous bois (automne).
*898 Retour de pêche (marine).
*899 Calme plat (marine).
*900 Bords de rivière.

FOURREAU (Armand-Félix). — 16, rue de Siam, Paris.

901 Le Val vers Dampierre.
902 Paysage de courses.
903 Aux Champs-Élysées.
904 La maison du poète.
905 Au champ d'entraînement.
906 Le château de Bagatelle.
907 De la côte de Suresnes.

Mᵐᵉ FRÉMONT (Suzanne). — 42, rue Raynouard, Paris.

*908   Ma campagne (Châtillon).
*909   Vue sur Paris.
*910   Le clocher (Châtillon).
*911   Jour tombant (Thouars).
*912   Loisey (près Mortagne).
*913   Nature morte.

FRÈRE (Samuel). — 19, rue de Crosne, Rouen.

*914   Gorge de Logoden (Ploumanach').
*915   A Tregastel (grève blanche).
*916   Fin de jour à Trégastel.
*917   Gorge de Troievo (Ploumanach').
*918   Le Legué (Côtes-du-Nord).
*919   Eglise de Trégastel.
*920   A Saint-Pierre-en-Port (Seine-Inférᵉ).
*921   Grève Saint-Anne à Trégastel.

FRESNAYE (Adrien). — 41, rue St-Placide, Paris.

*922   Carrières de Meudon.
*923   Étang de Trivaux (Meudon).
*924   Un atelier.
*925   Matinée.
*926   Un atelier (sculpteur).
 927   Un atelier (peintre).
*928   Sous bois.
*929   Jardin du Luxembourg.

FRIESZ (Othon). — 72, quai des Orfèvres, Paris.

*930 Le châtaignier (soir).
*931 La Creuse (soleil couchant).
*932 La Creuse (matinée).
*933 Plein soleil (Creuse).
*934 L'averse.
*935 La Roche (soleil couchant).
*936 Soir (rue de Falaise).
*937 Intérieur.

FROBERVILLE (DE). — 11, rue Boissonnade, Paris.

*938 Énée rencontrant Vénus.
*939 Embuscade de brigands.
*940 Pastel.
941 Portrait.
942 Flambeaux et encrier (sculpture).

FULLER (D.-T.-S.). — 24, rue Pigalle, Paris.

943 Peaux rouges pêchant à la lance.

GABRIEL-ROUSSEAU. — 102, rue de Longchamp, Paris.

*944 Paris : Le boulevard de la Madeleine.
*945 La rue Royale.
*946 La place Saint-Michel.
*947 La Seine au pont des Saints-Pères.

GATIER (Pierre). — 55, rue des Abbesses, Paris.

*948 Au Jardin des Supplices.
*949 Petit coin agréable.

***950** Luxure.
***951** Dessin.
***952** The Times Machine (Wells).
***953** The Times Machine (Wells).
***954** Danse lumineuse.
***955** Leukyonia (musée Gannel) (fouilles d'Antinoë).

GAULET (Henry). — 9, rue Eugénie, Saint-Mandé.

956 La grande côte.
957 Le sentier.
***958** Matinée d'automne sur la Marne.
***959** Meules dans le brouillard.
960 Etude.
***961** Les Chaumières.
***962** Les Pins.
963 Coin de mare.

GIERCKENS (Edme-Félix). — 22, avenue de l'Observatoire, Paris.

964 Automne.
965 Bord d'étang.
966 Un chemin dans la plaine.
967 Une vague.

GLEIZES (Honoré). — 5, sente du Calvaire, Courbevoie.

***968** Après l'orage (coucher de soleil au printemps).
***969** Bord de Seine à Courbevoie.

*970 Les maisons sur la côte (derniers rayons).
*971 Effet de matin au Mont-Dore.
*972 Le champ des ibis (effet de matin).
*973 Le troupeau au bord du lac (effet de soir).
*974 Fleurs : les boules de neige.
*975 Le chauffeur Gleizes.

GIBAUT (Maxime). — Bois-le-Roi (Seine-et-Marne).

*976 Raisins.
977 Portrait du chansonnier plébéien Pierre Nitou.
*978 Prunes.
*979 Paysage à Bois-le-Roi.

DE GIESSENDORFF (Mme Maria de). — 234, boulevard Raspail, Paris.

980 Cadre contenant des médailles et plaquettes.
981 Nymphe (bronze). Exécution de la Fonderie d'Art, association ouvrière, 68, rue Botzaris, à Paris.

GIGAULT (Maurice-Emile). — 4, rue Denis-Papin, Asnières.

982 Portrait.
983 Portrait.
*984 Femme nue.
*985 Femme nue (étude).

***986** Le parc.
***987** Vieux livres.
***988** Perdrix (nature morte).
***989** Canard sauvage (nature morte).

GILBERT (Lucien). — 1, rue Verte, Chatou.

***990** Etude.
***991** La chapelle Sainte-Barbe, à Roscoff.

GIRAN-MAX. — 48, rue Laffitte, Paris.

***992** Les Coquelicots.
***993** Printemps.
***994** Matinée d'hiver.
***995** Les cerises.
***996** Les géraniums.
***997** Bords de l'Oise à Anvers.
***998** Le jardin de Vogler.
***999** Neige.

GIRIEUD (Pierre). — 11 *bis*, avenue Beaucour, Paris.

***1000** Baigneuses (tryptique).
***1001** Hortensias.
***1002** Perroquet et oranges.
***1003** Pivoines.
***1004** Pivoines.
***1005** Rue à Cassis.
***1006** Pins
***1007** Bord de mer à Cassis.

GLUCHOWSKI (Jean). — 60, rue de la Faisanderie, Paris.

1008 Le soir (pastel).
1009 Hameau de Saint-Colomban (Morbihan).
1010 Eglise de Carnac (Morbihan).
1011 Effet de soleil le soir (pastel).
1012 Pêcheur de Villerville.
1013 Pochade.
1014 Automne.
1015 Rochers de Carnac.

GOBILLARD (Mlle Paule). — 40, rue de Villejust, Paris.

1016 Portrait de Mme J. R.
1017 Pivoines.
*1018 Danseuse au miroir.
*1019 Danseuse.
*1020 Lecture.
*1021 Jeune femme et enfant.
*1022 Palais d'Este Varese (Italie).
*1023 Dogana di Mare, Venise.

GOHIER (Félix). — 2, boulevard Péreire, Paris.

*1024 Petit bras de Marne à Chelles (Seine-et-Marne).
*1025 Sous les chênes verts, à Antibes (Alpes-Maritimes.
*1026 Chez la fleuriste.
*1027 Chemin de Villiers, à Crécy-en-Brie.
*1028 Le soir à Juan-les-Pins.

***1029** Sous bois, à Villeneuve-l'Etang (Seine-
et-Oise).

***1030** Dans la campagne près d'Antibes (Al-
pes-Maritimes.

GOMEZ DEL JUNCO (César). — 15, rue Solférino,
Vanves.

1031 Portrait de Mlle F...
1032 Portrait de Mme F...
1033 Portrait de M. L...
1034 Portrait de M. A...

GOSSELIN (Louise). — 18, rue Le Pelletier, Paris.

***1035** Roses trémières.
***1036** En prière.
1037 Vitrine cuirs.
***1038** Liseuse (cuir).
***1039** Buvard (cuir).
***1040** Porte-carte (cuir).
***1041** Ceinture avec boucle (cuir).

GOULIN (Etienne). — 21, rue Pierre-Levée, Paris.

***1042** Cheval de labour.
***1043** Mon déjeuner.
***1044** Panier de fruits, grive.
***1045** Fleurs et fruits.

GOURCUFF (Gontran de). — 27, rue de l'Orangerie,
Versailles.

***1046** Femme (profil).
***1047** Village au soleil couchant.

    ***1048**   Jeune femme (face).
    ***1049**   Vallée du Mont-Dore.
    ***1050**   Route de La Tour-d'Auvergne.
    ***1051**   Jeune fille rousse.
    ***1052**   La Marne, soleil couchant.
    ***1053**   Grand canal de Versailles, soir.

GRASS-MICK (Augustin-Georges). — 67, rue Lepic, Paris.

    ***1054**   Moulin de la Galette.
    ***1055**   Portrait de Mme H...
    ***1056**   Au théâtre de l'Œuvre.
    ***1057**   La partie de jaquet.
    ***1058**   Au Moulin rouge.
    ***1050**   Au Moulin rouge (le quadrille).
    ***1060**   A Robinson (café chantant).
    ***1061**   Neuf études (vues de Paris).

GRIMARD (Max). — Binard, par Sainte-Foy-la-Grande (Gironde).

    ***1062**   Pré en juin (Gironde).
    ***1063**   Les Passes, bassin d'Arcachon.
    ***1064**   Matinée de gelée (Dordogne).
    1065   Bourrasque après la neige (Gironde).
    ***1066**   Le bassin d'Arcachon à travers les pins, Moulleau (soir).
    ***1067**   Grande dune, bassin d'Arcachon (effet du matin).
    ***1068**   Château de Chaumont, après la pluie.
    ***1069**   Angoulême, midi.

GUÉROULT (Maurice). — 7, square Alboni, Paris.

*1070 Fête des Invalides (le soir).
*1071 Entrée d'un transatlantique au Havre.
*1072 Entrée d'un transatlantique dans le bassin de l'Eure.
*1073 Conscrits.
*1074 Soldats promenant des chevaux.

GUILLEMONAT (Gabriel-Marie-Gilbert). — 10, rue des Gobelets, Orléans.

*1075 Varengeville, l'église.
1076 Varengeville, baie de Quiberville.
1077 Varengeville, baie de Pourville.
1078 Varengeville, chemin.
1079 Varengeville, chemin.
1080 Varengeville, l'église.

GUILLEMOT (Marie-Jean-Baptiste-Edme). — Chantelle (Allier) et 92, boulevard Raspail, à Paris.

1081 Ciel d'orage.
1082 Brume du matin sur la Bouble, à Chantelle (Allier).
1083 Etude de chênes, à Bourbon (Allier).
1084 Le soir, paysage d'automne.
1085 Bief du moulin de Fourisse (Allier).
1086 Une route à Bourbon (Allier).
1087 Vue prise à Chantelle (Allier).
1088 Vue prise à Chantelle (Allier).

GUÉRIN (Charles). — 14, rue Boissonnade, Paris.

*1089 Jardin.
*1090 Dames.

*1091 Arcades.
*1092 Baigneuse.
*1093 Lecture.
*1094 Réunion.
*1095 Amoureux.
*1096 Bain.

HANRIOT (Jules-Armand). — 10, rue Frochot, Paris.

*1097 Paulette.
*1098 Le grand canal à Venise.
*1099 Blés verts (environs d'Arpajon).
*1100 Chapelle de Roc'madour.
*1101 La Garenne (Environs d'Arpajon).
*1102 Soleil couchant sur la mer.
*1103 Le phare de la Corbière (Jersey).
*1104 Sablière.

HAZARD (Mlle Alberte). — 72, rue Laugier, Paris.

*1105 Le chevalier au lys.
*1106 Numéro de la série des : Illusionnés.
*1107 Numéro de la série des : Illusionnés.

HAZLEDINE (Alfred). — 224, rue Verte, Bruxelles.

*1108 Vieux pignons, Bruges.
*1109 La vie en plein air, Bruges.
*1110 Au bord du canal, Bruges.
*1111 Au coin de l'âtre.
*1112 Quai à Bruges.
*1113 Ruelle à Bruges.
*1114 2 aquarelles, intérieurs fllamands.

HÉBERT (Francis). — 48, rue Jacob, Paris.

1123 Raisins.
1124 Pommes.
1125 Boules de neige.
1126 Portrait de M. A. M.

HÉLIS (Henri). — 30, rue Vernier, Paris.

*1127 La place du bourg, à Bruges.
*1128 Marché aux poissons.
*1129 Moulin en Zélande.
*1130 Pont Saint-Augustin.
*1131 Canal, à Bruges.
*1132 Sur le Dyver, à Bruges.
*1133 L'église Saint-Martin à Ypres.

HÉLO (Mme). — 43, rue Piat, Paris, Villa Ottoz.

1134 Chrysanthèmes.
1135 Fromages.
1136 La neige.
1137 Pensées.
1138 Paysage.
1139 Paysage.
1140 Giroflées.
1141 Géraniums.

HEPP (Pierre). — 50, rue Duplessis, Versailles.

1142 Ermete Novelli.
1143 Centaure. Appartient à M. François
Hepp.
1144 La mer (effet du soir).

HERBEMONT (Marcel). — 6, rue Pestalozzi.

1145 Tigresse couchée (étude, sanguine).
1146 Tigresse couchée (étude, sanguine).
1147 Chevaux à contre jour (exquisse, conté).
1148 Chevaux en plein air (étude, fusain).
1149 Cheval à contre jour (étude, fusain).

HERBER DE ROHO (Victor), — 2, boulevard d'Italie, Paris.

1150 Portrait de M. S. Denis.

HERVÉ (Julien-Auguste). — 9, rue Blainville, Paris.

*1151 Expressionnisme, Adam et Eve.
*1152 Expressionnisme, Quasimodo.
*1153 Expressionnisme, vieille fille.
*1154 Au Croisic, l'Orage.
*1155 Au Croisic, Soleil couchant.
*1156 Au Croisic, Lever de lune.
*1157 Au Croisic, clair de lune.
*1158 Au Croisic, clair de lune.

HUAULT (Eugène). — 47, rue Lannois, Levallois-Perret.

*1159 Rives de la Vienne.
*1160 Bords fleuris de la Seine.
*1161 Ajoncs et genets en fleurs.
*1162 Le pont de l'Ile Bouchard (Indre-et-Loire.
*1163 Plage de Terre-Nègre, près Royan.
*1164 La plage de Saint-Palais, près Royan.

***1165** Les terrasses de St-Palais, près Royan.
***1166** La ferme du garde, à Port-Marly.

HUGONNET (Aloys). — 10, place d'Italie, Paris, et
à Morges (Suisse).

***1167** Lèvres rouges et rose jaune.
***1168** Femme à la moue.
***1169** Les villas de l'Ile Sainte-Catherine.
***1170** Saules au soleil couchant.
***1171** Peupliers et toit rouge.
***1172** Toit rouge par la neige.

IBELS (Henri-Gabriel). — 14 *bis*, rue Marbeuf, Paris.

***1173** Le jugement de Pâris.
***1174** Léda.
***1175** Hercule et Cacus.
***1176** La tentation de Saint-Antoine.
***1177** Mars et Vénus.
***1178** Suzanne et les deux vieillards.
***1179** Hercule et Omphale.

IGOUNET DE VILLERS (Charles-André). — 249, faubourg Saint-Martin, Paris.

1180 Le pont des Saints-Pères.
1181 Le Pont-Neuf et le Vert-Galant.
1182 La Seine, brouillard et soleil.
***1183** La Seine, brouillard et soleil.
***1184** Le matin au canal de l'Ourq.
***1185** Le Pont-Neuf (quai de la Monnaie).

***1186** Dessin à la plume.
***1187** Le noyer cassé du chemin de Ville-
    chasson (Seine-et-Marne).

ISAYAMA RICKITCHI. — 108, rue ue Courcelles,
Paris.

***1188** Le mont Foudji à Sàt'fà (Japon).
***1189** Paysage Boungo (Japon).
***1190** Soir au bord de la mer (Indo-Chine).
 1191 Le lac à la Frette-Seine.
***1192** Paysage l'été, Ménille (Evre).
***1193** Chou et poissons.

JACKOWSKI. — 49, rue Gabrielle. Paris.

***1194** Effet de mer à Etretat.
***1195** Temps gris à Etretat.
***1196** Effet de soir à Etretat.
***1197** Le Campanile (Venise).
***1198** Grand Canal (Venise).
***1199** Barques à Venise.
***1200** Petit Canal à Venisc.

JACOBY-GOMEZ (Louis). — 55, rue des Abesses,
Paris.

 1201 Tryptique. L'anneau du Nibeloung,
    d'après le poème de R. Wagner.
***1202** Carmen.
***1203** Paysage d'Espagne.
***1204** Marine (Malaga).

JAMOT (Paul). — 13, rue Monsieur, Paris.

   *1205   Derniers rayons (Suisse).
   *1206   Clair de lune (Italie).
   *1207   Le Saint-Gothard, vu de Seelisberg.
   *1208   Lac des Quatre-Cantons.
   *1209   Villerville.
   *1210   Lac de Seelisberg (soleil couchant).
   *1211   Lac de Seelisberg.
   *1212   Jour de pluie dans la montagne (Suisse).

JAUDIN (Henri), 35, rue des Arts, à Levallois-Perret
(Seine).

   *1213   Sassenage, près Grenoble.
   *1214   Environs d'Aigueblanche (Savoie).
   *1215   Arbin, près Montmeillan (Savoie).
   *1216   L'Isère, près Moûtiers (Savoie).
   *1217   Voreppe, près Grenoble.
   *1218   Varces, près Grenoble.
   *1219   L'Arve, près Genève.

JEAUNEAU (Georges). — 38, rue de Siam, à Brest
(Finistère).

   *1220   A terre (aquarelle).
   *1221   Les Bordachiens (aquarelle).

JEANDIN (Eugène). — 72 *bis*, boulev de Champigny,
au Parc-Saint-Maur (Seine).

   *1222   Une jeune fille épluchant les légumes.
   *1223   Bords de la Marne (temps couvert).

*1224 Bords de la Marne (temps clair).
*1225 Tombé ! (devant de cheminée).
*1226 Le rideau se décroche ! (dev. de chem.)

JEANSON (A. DE). — 2, cité Gaillard, rue Blanche, Paris.

1227 Après l'averse, verdures de Normandie.
1228 La Heurt des Vaucottes-s-Mer (marine).
1229 Vers le soir (Morvan).
1230 Un coin du Lac Léman (côté de Savoie).
1231 La sieste de la petite sœur.
1232 La porte mystérieuse (Algérie).
1233 Coin d'ombre de jardin maure (Algérie).
1234 Façade de vieille rue de province.

JELKA-ROSEN (Mlle). — Grez-s-Loing (S.-et-Marne).

*1235 Un jardin.
*1236 Etude.
*1237 Printemps.
*1238 Esquisse.
*1239 Etude en pastel.

JO (Leo). — 22, square Ambiorix, Bruxelles (Belgique).

*1240 Types, silhouettes, caricatures.
*1241 Types, silhouettes, caricatures.
*1242 Types, silhouettes, caricatures.
*1243 Types, silhouettes, caricatures.
*1244 Types, silhouettes, caricatures.

Projets d'affiches :

*1245 Le moulin.
1246 Le biscuit.

JOSEPH (Albert). — 19, quai Saint-Michel, Paris.

*1247 Au Pont Charreau (Vallée de la Sédelle). Soleil du soir.

*1248 Chaumière au bord de la Creuse. Soleil du soir.

*1249 Crue d'hiver au Moulin de la Folie. Crozant.

*1250 Moulin sur la Sédelle. Soleil d'automne.

*1251 Les oies. Automne.

*1252 Tournant de Creuse. Soleil de printemps.

*1253 Moulin sur la Sédelle. Temps gais d'hiver.

*1254 Petit jardin au soir.

JOUBERT (Henri-André). — 9, rue Fontaine-au-Roi, Paris.

1255 Matinée de Juin, à Labonneville (Méry-sur-Oise) (peinture).

1256 Soirée d'Août, à Nogent-le-Roi. E. L. (peinture).

1257 Portrait de Mlle R. V... (sculpture).

1258 Portrait de Mlle M. D... (sculpture).

1259 Pot chrysanthèmes (sculpture).

JOURDAIN (Francis). — 8, rue de Milan, Paris.

*1260 Etude (Montreuil-sur-Mer).

*1261 Etude (Montreuil-sur-Mer).

*1262 Etude (Montreuil-sur-Mer).

1265 Etude pour une décoration.

JUDITH (Mme Gérard). — Préfecture de Constantine (Algérie).

1266 Portrait de Jehan Rictus.
1267 Portrait de J.-A. Coulangheon.
1268 Cuivres et piments.
1269 Fleurs fanées (Pivoines roses).
1270 Vert et jaune.
1271 Poupée japonaise.
1272 Chou rouge et navets bleus.
1273 Oignons et porreaux.

JULIEN (Edouard). — 11, rue de l'Hôtel-de-Ville, à Albi (Tarn).

***1274** Vieux quai et vieux moulin; soleil couchant de septembre (esquisse pour une étude).
***1275** Quatre esquisses :
Esquisse pour un portrait.
Bal public.
Caresse.
Poésie.
***1276** Sur la plage (Esquisse).
***1277** Fin du jour (esquisse).
***1278** Souvenirs (esquisse).
***1279** Dans la coulisse (esquisse).
***1280** Prière aux champs (esquisse).
***1281** Rêverie (esquisse).

JUSTE (René). — Marlotte (Seine-et-Marne).

***1282** Le pont de la Folie (Creuse), automne.
***1283** Le moulin de la Folie (Creuse) automne.

*1284 Maisons au bord de l'eau, Dampierre (Seine-Inférieure).
*1285 La Béthune à Dampierre (Seine-Inférieure).
*1286 Bords de la Seine, à Porte-Joie.
*1287 Bords de la Seine, à Tournedos.
*1288 Les vergers de Crozant (gelée blanche).
*1289 Rue de village en Normandie.

KAUFFMANN (Ph.). — 17, avenue Trudaine, Paris.

*1290 Environs de Fontainebleau.
*1291 La Mare.

KAVLI (Arne). — 114, rue de Vaugirard, Paris.

*1292 Portrait.
*1293 Portrait.
*1294 Paysage.
*1295 Paysage.
*1296 Intérieur.
*1297 Paysage.
*1298 Paysage.
*1299 Portrait.

KERST (Maurice). — 7, rue Lallier, Paris.

*1300 Plombières, route du Val-d'Ajol.
*1301 Coin de jardin, à Épinay-sur-Seine.
*1302 Fumées dans la brume (Saint-Denis).
*1303 Un vieux pressoir (Bagnoles-de-l'Orne).
*1304 Barrage de l'Augrogne (environs de Plombières).
*1305 Une scierie (environs de Plombières).

KISSLING (Eugène). — 104, faubourg Saint-Denis, Paris.

*1306 Matinée d'automne,
*1307 Le matin au bord de l'eau.
1308 La sieste. Appartient à M. A. Moreau.
*1309 Brume matinale.
*1310 Le matin dans la montagne.
*1311 Au pâturage, fin du jour.
*1312 Nature morte.
*1313 Nature morte.

KONOW (Karl). — 7, rue de Bagneux, Paris.

*1314 Dernière station.

KOROCHANSKY (Michel). — Montigny-sur-Loing (Seine-et-Marne).

*1315 Un matin de printemps.
*1316 Fin d'automne (forêt de Fontainebleau).
*1317 A l'aube (Montigny-sur-Loing).
*1318 Soleil couchant (Bretagne).
*1319 La femme aux chrysanthèmes.
*1320 Les Muses de la solitude.
*1321 Chaumières normandes.
*1322 Hameau vendéen.

KOSSOWSKI (Henri). — 43, rue Piat (6, villa Otloz), Paris.

1323 Froid (statue de plâtre).
*1324 Nuit d'été (bronze),
1325 Portrait (pastel).

1326. Portrait (pastel).
1327 Vue de Paris (pastel).

KROHG (Mme Oda). — 3, rue Barras, Paris.

1328 Portrait du peintre norvégien Diriks.
1329 Oiseaux nocturnes.
1330 Au bord de la mer.

de KROUGLICOFF (Mlle Elisabeth). — 17, rue Boissonnade, Paris.

*1331 Les Cyprès (Corse).
*1332 Sous les marronniers (Corse).
*1333 Deux marines (Corse).
*1334 Trois pochades de voyage.
*1335 Brescia.
*1336 Deux aquarelles (Corse).
*1337 Allée de cyprès (aquarelle).
*1338 Portrait. Appartient à Mme Volochine.

LACOSTE (Charles). — 25, rue Rousselet, Paris.

*1339 Soleil de Février.
*1340 La lune dans les jardins.
*1341 Trois jours de printemps.
*1342 Après-midi.
*1343 Soir de partance.
*1344 Matinée en Mai.

LAFLEUR (Abel). — 7, rue Montbrun, Paris.

1345 Deux portraits (bronze).
*1346 Plaquette, femme au miroir (bronze).

***1347** Plaquette, femme lisant (bronze).
***1348** Plaquette, femme aux gants (bronze).
***1349** Plaquette, femme à l'ombrelle (bronze)
***1350** Étude de nu : Eve.
Exécution de la Fonderie d'Art, association ouvrière, 68, rue Botzaris.

LAMOURDEDIEU (Raoul). — 84, rue Lecourbe, Paris.

1352 Buste de jeune femme.
1353 Buste d'homme.
***1354** Fort à la viande.
***1355** L'attelage.

LAMPUÉ. — 72, boulevard de Port-Royal.

***1356** Panneau d'études autour de Pontaven.
***1357** Chemin du deuxième moulin à Pontaven
***1358** Les maisons sur l'Aven.
***1359** La ferme de Hrémato.

LAPRADE (Pierre). — 14, rue Mayet, Paris.

1360 Les géraniums aux Tuileries. Appartient à M. Vollard.
1361 Nature morte. Appartient M. Vollard.

LASTBOM (Mlle Fanny). — 6, rue Vercingétorix.

1362 Vieux bandit italien.
1363 Un capucin.
1364 Un loup de mer.
1365 Portrait (pastel).

LAUDIGEOIS (Ferdinand).— 12, rue Desprez, Paris.

*1366   Etang d'Ursine (Chaville).
*1367   Etang de Brisemiche (Chaville).
*1368   La Seine, à Conflans (soir).
*1369   Les petits bouleaux.
*1370   La meulière sur les quais.
*1371   Ferme de Haÿ (Seine).
*1372   Fleurs.

LAUNAY (Fabien). — 65, rue Caulaincourt, Paris.

1373   Intérieur. Appartient à M. Sainsère.
1374   Nature morte.
1375   Portrait.
1376   Portrait. Appartient à M. Huc.
*1377   Vagabond.
1378   Portrait.
*1379   Femme assise.
1380   Plafond. Appartient à M. G. de Pav-
       lowski.

LAVAUX (Georges). — 36, rue Poccard, Levallois-
Perret (Seine).

*1381   Effet de neige (forêt de Fontainebleau,
        mare de Sanguinède).
*1382   Lever de lune (Graye-sur-Mer, Cal-
        vados).
*1383   Effet de lune (Bretagne).
*1384   L'automne (Seine-et-Marne), vallée du
        Petit-Morin).
*1385   Soleil couchant, à Marly-le-Roi.

*1386 Soleil du matin (vallée du Petit-Morin).
*1387 Un matin dans les bruyères (vallée du Petit-Morin).
*1388 Effet de neige (Ile de la Grande-Jatte).

LAY (Auguste). — 13, rue Paul-Féval, Paris.

*1389 A la gare Savinanigo (Espagne).
1390 Portrait de Mme E. R.
*1391 Au piano.
*1392 La rue des Saules (midi).
*1393 La rue du Mont-Cenis (Montmartre).
*1394 La place Clichy.
*1395 La gare du Nord.
*1396 Bal masqué à l'Opéra (d'une loge des 4es galeries).

LE BAIL (Louis). — Villennes-sur-Seine.

*1397 Sur l'eau. Fin d'automne.
*1398 Les coteaux de Médan, matin d'été.
*1399 La Pinède, à Juan-les-Pins (Alpes-Maritimes).
*1400 Bouquet de roses.
*1401 Fleurs et Fruits.
*1402 Dans les prés.
*1403 Chemin des vignes (Effet du soir).

LEBASQUE (Henri). — Montévrain, par Lagny (Seine-et-Marne).

*1404 La route de Meaux.
*1405 Petite à une fenêtre.

*1406 Dampmart.
*1407 Le Pont de la Dhuis.
*1408 Automne.
*1409 Soleil d'hiver.
*1410 Coucher de soleil.
*1411 Automne.

LE BEAU (Alcide). — 15, rue Boileau, Paris.

*1412 La rivière à Kernuz (Morbihan).
*1413 La mort anglaise (Camaret).
*1414 La Rivière à Kérisper (Morbihan).
*1415 Le Rovidy (Quiberon).
*1416 Le pont du Bono (Morbihan).
*1417 Gros temps (Quiberon).
*1418 Sapin tordu (Morbihan)
*1419 La Rivière à Sainte-Avoye (Morbihan).

LE BÈGUE (René). — 15, rue du Delta, Paris.

*1420 Venise, vue prise du Grand Canal.
*1421 Venise, place St-Marc (ruines du Cam-
       panile.
*1422 Venise, bateau dans la lagune.
*1423 Venise, canal Albrizzi,
*1424 Venise, rio Christoforo.
*1425 Venise, vue prise du Grand Canal.
*1426 Venise, coin du Grand Canal.
*1427 Venise, la Douane et l'église la Salude.

LECHAT (Albert). — 51, rue Scheffer, Paris,

*1428 Le pont.
*1429 Prairie contre soleil.

*1430 Les brumes dorées.
*1431 Coteau au soleil.
*1432 Matin.
*1433 L'ancien cimetière de Boulogne.
*1434 Azalées.
*1435 Fleurs de pêchers.

LECOULTRE (Marcel). — 41, boul. St-Jacques, Paris.

*1436 Au piano.
*1437 Intérieur d'église (Gourainville).
*1438 Sous la tonnelle.
1439 Moutans. Appartenant à M. B...
*1440 Attelage de bœufs.

LEDOGARD (Georges). — 52, rue Laffitte, Paris.

*1441 Le Gravier au Valhermeil.
*1442 Jardin au Valhermeil.
*1443 Automne, bords de l'Oise au Valhermeil.
*1444 La plaine, au Valhermeil.
*1445 Hiver, bords de l'Oise au Valhermeil.
*1446 Fonds du Valhermeil.

LEFEBVRE (Joseph). — Saint-Pierre-en-Port (Seine).

*1447 Panier d'oranges.
*1448 Le bon verre.
1449 Bouquins.
*1450 La côte du Haut-Mauvard (St-Pierre-en-Port.)

*1451 Vue de Fécamp (effet de lune).
*1452 Lilas blancs et roses.
*1453 Vieux livres.
*1454 La vieille croix (Saint-Pierre-en-Port).

LEGOUX (Désiré), 28, rue des Grands-Champs, Paris.

*1455 Villeneuve, l'étang.
*1456 Bois de Vincennes.
*1457 Rue Hélène, à Noisy-le-Sec.
*1458 Saint-Cloud.
*1459 Effet de brume à Saint-Cloud.
*1460 Buttes Chaumont.
*1461 Saint-Cloud (automne).
*1462 Bois de Vincennes.

LEGRAND (René). — Rue de Douai, 63 *bis*, Paris.

*1463 Le grand-père.
*1464 Jeune mère.
*1465 Chevaux de labour.
*1466 Village au bord de l'eau.
*1467 Promeneuse.
*1468 Cadre de 12 études (d'après nature).
*1469 Cadre de 12 études (d'après nature).
*1470 Cadre de 5 études (d'après nature).

LEGUAY (Marie). — 4, rue Pasteur, Villemonble-Raincy.

1471 Pêches et raisins.
1472 Pivoines.
1473 Pomme et raisins.
1474 Vase de roses.

LEHMAN (Léon). — 10, rue d'Orchampt, Paris.

*1475 Coin de fenêtre.
*1476 Paysage.
*1477 Coin de fenêtre.
*1478 Nature morte.
*1479 Nature morte.
*1480 Nature morte.
*1481 Nature morte.
*1482 Nature morte.

LEJEUNE (Henri). — 46, rue de Saint-Denis (Saint-Ouen).

*1483 Rocher du Moine (Finistère).
*1484 Matinée de printemps à Mareil (Seine-et-Oise).
*1485 Pointe du raz (Finistère).
*1486 Lavoir de Lescoff, baie de Trépassés (Finistère).
*1487 Temps gris, pointe du raz (Finistère).
*1488 Soleil couchant, sablière à Gennevilliers.
1489 L'humanitaire.

LEMAIRE (Charles-Louis). — 60, rue Royale, Versailles.

1490 Lever de lune, côtes de Hollande.
1491 La Porte Sainte-Croix, à Bruges (Belgique).
1492 Pêcheurs de Volendam (Hollande).
1493 Pêcheurs, le soir.
1494 Eglise de village.

LE MEILLEUR (Georges). — 53, rue Cardinet, Paris.

*1495   Parc de Saint-Cloud.
*1496   Parc de Saint-Cloud.
*1497   La ville Roussel (Bretagne).
*1498   La ville Roussel (Bretagne),
*1499   Le Pont Neuf.
*1500   Le Pont Saint-Michel.

LEMPEREUR (Edmond). — 22, rue Tourlaque, Paris.

*1501   Intérieur de café.
*1502   Etudes.
*1503   Place Clichy.
*1504   Intérieur de café.
*1505   Pins (Marseille).
*1506   Jardin (Marseille).
*1507   Etude de femme.
*1508   Coin de café.

LENOIR (Marcel). — 83, rue de la Tombe-Issoire, Paris.

1509   Projet de fresques « la République c'est nous! »
1510   Fragment du Christ pardonnant le monde.
1511   Portrait de M. Dupont.
1512   Portrait de Mme Dupont.
1513   Portrait du forgeron Gandil.
1514   Portrait de M. Brian.
1515   Etude de grand'mère (à la plume).
1516   Etude de grand'mère (peinture).

LEROUX (Louis). — 27, avenue Mac-Mahon, Paris.

1517 Ile Beaudot (Neuilly-sur-Seine).
1518 Carrière-Saint-Denis (Seine-et-Oise).
1519 Bords de Seine (ile Fleurie) (Nanterre).
1520 Campagne à Grandcamp.
1521 Ile de la Grande-Jatte (Neuilly-sur-Seine).
1522 Plage de Saint-Enogat.
Plage Saint-Lunaire.
Ile Beaudot (Neuilly-sur-Seine).
Ile Fleurie (Nanterre).
1523 Bords de Seine (Nanterre).

LESCAFETTE (Charles). — 149, rue d'Alésia, Paris.

***1524** Vieux moulin, le soir.
***1525** Le hameau de la Fée du Bois.
***1526** Le château de Gentilly.
***1527** Au plateau de Châtillon (temps gris).
***1528** Au plateau de Châtillon (soleil couchant).
***1529** Pichet d'étain et billet de banque.
***1530** Marine à Fouras.
***1531** OEufs frais.

LETELLIER (Charles). — 15, rue Bernoulli, Paris.

1532 Un fumeur.
1533 Un fumeur.
1534 Un portrait femme.
1535 Un portrait homme.
1536 Après le bain (sujet femme).

LE THIMONNIER (Paul). — 4, villa Chaptal, Levallois.

1537 La prière.

LIBERT (Louis). — 16, rue Harrouys, Nantes.

*1538 Impressions.
*1539 Impressions.
*1540 Après l'orage.
*1541 Et jam nox....
*1542 Coteaux.
*1543 Esquisse.
 1544 Portrait de Mᵉ G...
*1545 Impression.

LOMBARD (Gaëtan). — 32, rue Caumartin, Paris.

1546 Le Mont-Valérien.
1547 Le lac de Genève.

LONGUET (Jules). — 1, cité Gaillard, rue Blanche, Paris.

1548 Soir (coucher de soleil).
1549 Effet de neige, givre.
1550 Effet de neige, dégel.
1551 Pommier en fleurs (pastel).
1552 Automne, l'Oise.
1553 Coucher de soleil, octobre.
1554 Coucher de soleil, octobre.
1555 Coucher de soleil, octobre.

MANUEL (Losada). — Arbolancha, 6-2e, Bilbao (Espagne).

*1556 Julian et sa mère.
*1557 La buenaventura.

LOZANO (Garcia). — 64, rue de La Rochefoucauld,
Paris.

1558 Affiche pour la foire de Séville.
1559 Portrait de l'auteur.

LUCE (Maximilien). — 102, rue Boileau, Paris.

*1560 Les batteurs de pieus.
1561 Portrait de F. Fénéon.
*1562 Etude de femme (portrait).
*1563 Souvenir de Méréville.
*1564 Souvenir d'Herblay.
*1565 Route de Garennes (Eure).
*1566 Notre-Dame de Paris. Appartient au
       docteur Marieux.
*1567 Le viaduc d'Auteuil.

MADELINE (Paul). — 17, quai Voltaire, Paris.

*1568 La châtaignerie.
*1569 La maisonnée.
*1570 Le vieux moulin.
*1571 Coin de jardin.
*1572 Dans le parc.
*1573 En promenade.
*1574 Les oies.
*1575 La clairière.

MAGLIN (Firmin). — Chantecoq, par la Selle-sur-le-Bied (Loiret).

*1576 Le bois en automne.
*1577 Taillis en automne.
*1578 Janvier (partie centrale d'un triptyque).
*1579 Matinée d'automne.
*1580 Taillis le soir.
*1581 Peupliers en novembre.
*1582 Temps gris, soir.
*1583 Mélancolie.

MAILFAIRE (Louis). — 79, rue de l'Amiral-Roussin. Paris.

*1584 Effet de neige.
*1585 Clair de lune.
*1586 Effet du soir.
*1587 Matinée d'été.
*1588 Crépuscule.
*1589 Après-midi d'automne.
*1590 Effet du matin.
*1591 Soleil couchant.

MANSUY (René). — 12, rue du Moulin-de-Beurre. Paris.

1592 Portrait de Mr E. M.

MANGUIN (Henri). — 61, rue Boursault, Paris.

*1593 Portrait d'homme.
*1594 Portrait de l'auteur.
*1595 Mobillou.

*1596 Paysage Coulombs.
*1597 Jardin.
*1598 Fleurs.
*1599 Nature morte, pommes.
*1600 Nature morte, œufs rouges.

MARTINAUD (Edwards). — 7, rue Pelouze, Paris.

*1601 La diligence.
*1602 L'écluse.
*1603 Route de village.
*1604 L'écluse.
*1605 L'orage.
*1606 Inondation.
*1607 La péniche.

MARCHAL (Achille-Gaston). — 37, rue Petit, à Saint-Denis (Seine).

*1608 Après-midi d'automne, bords du Morin.
*1609 Matin, bords du Morin.
*1610 Automne, Villiers-sur-Morin.
*1611 Quai des Tanneries, Crécy.
*1612 Bruine d'automne, bords du Morin.
*1613 Juin, bords du Morin.
*1614 Coteau de Montbarbin.
*1615 Les prés, Villiers-sur-Morin.

MARQUE (Albert). — 62, rue Bargue, Paris.

*1616 Tête de vieillard (étude, plâtre).
*1617 Tête jeune homme (étude pour une cariatide, grès Méthey).

*1618 Bas-relief d'enfant.
*1619 Bas-relief, femme et enfant (plâtre).
*1620 Les Amants, groupe (buis).
*1621 Etude de tête d'enfant (terre cuite).
*1622 Vitrine contenant : un groupe femme
et enfant. — Une statuette d'enfant
dansant (bronzes). Exécution de la
Fonderie d'Art, association ouvrière,
68, rue Botzaris, à Paris.
*1623 Vitrine contenant : portrait de Mme X.
(plâtre). — Une statuette d'enfant
(terre cuite). — Une esquisse (grès
Méthey).

MARQUET (Albert). — 211 *bis*, avenue de Versailles,
Paris.

*1624 Pont de la Tournelle.
*1625 Notre-Dame, effet de neige.
*1626 Nature morte.
*1627 La porte de Saint-Cloud.
*1628 Notre-Dame, soleil.
*1629 Quai de l'Hôtel-de-Ville (14 Juillet).
1630 Portrait.
*1631 Jardin des Tuileries.

MARRE (Henri). — 25, place de la Halle, à Montauban (Tarn-et-Garonne).

1632 Les vieux fossés (Montauban).
1633 Le reflet du foyer.
1634 Faubourg au printemps.
1635 L'entrée du village.

1636 Etude de maisons au temps gris.
1637 Le café de l'Amitié. à Najac.
1638 Une ruelle (Penne).
1639 Les treilles (Najac).

MARTIN (Jacques). — 52, chemin de Baraban, Lyon.

*1640 En été.
*1641 Après dîner.
*1642 Environs de Lépin (Savoie).
*1643 Anémones.
*1644 Fleurs.
*1645 Fruits.
*1646 Fleurs.
*1647 Au jardin.

MARVAL (Mme Jacques). — 9, rue Campagne-Pre-
mière, Paris.

1648 Odalisques.
1649 Daphnis et Chloé.
1650 Bonjour maman !
1651 Panneau d'études.
1652 Pivoines.
1653 Matin d'été.
1654 Paysage d'automne à Meudon.
1655 Le soir en Dauphiné, lisière d'un bois.

MATHEY (Louis), ouvrier bijoutier. — 10, rue
Malher, Paris.

1656 Portrait de mon ami C. F., interne des
hôpitaux de Paris.

1657 Mon gagne-pain. Portrait de l'auteur.
1658 Etude.

MATISSE (Auguste). — 2, rue Méchain, Paris.

***1659** Marine.
***1660** Marine.
***1661** Marine.
***1662** Marine.
***1663** Marine.
***1664** Marine.
***1665** Marine.
***1666** Portrait.

MATISSE (Henri). — 19, quai Saint-Michel, Paris.

1667 Guitariste.
1668 Tête de femme.
1669 Tête d'homme.
1670 Étude.
1671 Paysage.
1672 Paysage.
1673 Paysage.
1674 Dessin.

MAUPRAT (Henri). — 81, boulevard Saint-Michel, Paris.

1675 Le Génie du phare.
1676 Le soir des paysans.
1677 Soir d'orage.
1678 Attendant la camarde.
1679 Soir de septembre.

1680 Le marin breton.
1681 Edouard B., dit la Colique.
1682 Le soir sur Gatteville.

MANZANA (Georges). — 9, rue Montrichard, Moret
(Seine-et-Marne).

*1683 Le sentier Moret.
*1684 Soleil d'hiver (matin).
*1685 Les noyers (soleil d'hiver).
*1686 Chantiers de constructions.
*1687 Temps brumeux.
*1688 L'écluse.
*1689 Soleil d'été (matin).

MAYNARD (Guy). — 235, faubourg Saint-Honoré
Paris.

*1690 Un profil.
*1691 La pieuvre.
*1692 Une liseuse.
*1693 Portrait d'un buste, par Donnatello.
*1694 Portrait d'un buste, par Donnatello.
*1695 Nature morte.
*1696 Nature morte.
*1697 Une carafe verte.

MAZARD (Alphonse-Henri). — 117, rue Notre-Dame-
des-Champs, Paris.

*1698 Moisson (hameau des Murs).
*1699 La Ferme de Tanqueux (Seine-et-Oise).
*1700 La Cour des Murs (Seine-et-Oise).

*1701 Lever de lune, Itteville (pastel).
*1702 Etang de Boigny (Seine-et-Oise).
*1703 Route de la Ferté-Alais (Seine-et-Oise).
*1704 Crépuscule à Boigny (Seine-et-Oise).
*1705 Une mare à Senlisse (Seine-et-Oise).

MAZIÈRES (Félix). — Saint-Genis-Saintonge (Charente-Inférieure).

*1706 Fin d'une belle journée.

MENU (Victor). — 5, rue Emile-Allez, Paris.

1707 Étude (portrait).
1708 Bords de Bièvre.
1709 Étude (jardin).
1710 Étude (jardin).
1711 Le matin.
1712 Étude.
1713 Étude.
1714 Étude.

MERODACK-JEANEAU (Alexis). — 6, rue du Val-de-Grâce, Paris.

*1715 La Terrasse.
*1716 Femme au Paon.
*1717 Femme au Chat.
*1718 Bleuine.
*1719 Du Songe à la Vie.
*1720 Chrysanthèmes.
*1721 Remords.
*1722 Perverse.

MESNAGE (Mlle Regina-Jeanne). — 48, rue Jacob, Paris.

*1723 Coin du Luxembourg.
*1724 A travers la plaine.
*1725 Dans la forêt (Châteauneuf).
*1726 Auprès du Pont-Neuf.
*1727 L'entrée de la forêt (Châteauneuf).
*1728 L'écluse de la Monnaie.
*1729 Le Pont-Neuf.
*1730 L'Institut.

METCHNIKOFF (Mme Olga). — 18, rue Dutot, Paris.

*1731 Pelouse au bois d'automne.
*1732 Matin d'automne.
*1733 Quai à Caen.
*1734 Allée du parc, Saint-Cloud.
*1735 Mür (effet de soleil).
*1736 Village en Normandie.
*1737 Ferme en Normandie.
*1738 Vieille femme.

MÉTHEY (André). — 3, rue du Maine (Asnières).

*1739 Buste enfant à la collerette (grès grand feu).
*1740 Buste enfant (étude grès flammé), pièce unique.
*1741 Vitrine contenant 20 objets grès flammés.
*1742 Vitrine contenant 25 objets grès flammés sous couverte grand feu.
*1743 Fontaine grès grand feu avec appliques bronze argenté.

METZINGER. — 10, rue Mélingue, Paris.

*1744 Matinée d'hiver.
*1745 Champs en fleurs.
*1746 Étude.
*1747 Nocturne.
*1748 Sous bois (pochade).
*1749 Coucher de soleil.
*1750 Vieilles maisons.

MEUNIÉ (Paul-Henri). — 15, rue Alphonse de Neuville, Paris.

*1751 Renoncules.
*1752 Étude de roses blanches.
*1753 Azalée.
*1754 Boules de neige et renoncules.
*1755 Roses.
*1756 Roses.
*1757 Roses.
*1758 Roses.

MILCENDEAU (Charles). — 2, Aumont-Thiéville, Paris.

1759 Paysage et figures.
1760 Foire aux bœufs.
1761 Vue panoramique de La Ferté-Alais (chaude après-midi d'été).
1762 Printemps.
1763 Le vieux pêcheur à la ligne, à la côte, l'hiver.
1764 Le boucher du village.

1765 Marché aux chevaux (ciel couvert).
1766 Enseigne pour un marchand de vins.

MILCENDEAU (Léon). — 2, rue Aumont-Thiéville,
Paris.

1767 Cadre n° 1 (dessins).
1768 Cadre n° 2 (dessins).
1769 Cadre n° 3 (dessins).
1770 Cadre n° 4 (dessins).

MINARTZ. — 52, rue Laffitte, Paris.

*1771 Les castagnettes.
*1772 Avant-scène de la Cigale.
*1773 Les Champs-Elysées.
*1774 Hétaïre anglaise, à Montmartre.
*1775 Le Moulin de la Galette.
*1776 Casino de Paris.
*1777 Le Moulin Rouge.
*1778 Concert des Ambassadeurs.

MONIER (Camille). — 12, rue des Artistes, Paris.

1779 Senlisse (soleil après l'orage).
1780 Menton (au cap Martin).
1781 Notre-Dame et le Pont-St-Michel (mai).
1782 Horizons vendéens.
1783 Clisson.
1784 Senlisse (matin brumeux).
1785 Senlisse (matin clair).
1786 Paysage d'automne.

MONTGIVAL (Charles). — 1, rue Théophile Gautier, Neuilly-sur-Seine.

***1787** En exploration.
***1788** Croquis.

MORAX (Jean). — 6, rue Cernuschi, à Morges (Suisse)

***1789** La chaise d'osier.
***1790** Les cinéraires gris.
***1791** Le rosier fleuri.
***1792** A l'ombre du marronnier.
1793 Portait de Mlle C. B.

MOREAU (Pierre-Louis). — 99, rue de Vaugirard, Paris.

***1794** La Promenade.
***1795** Les Ifs (Versailles).
***1796** Le Jardin du Petit Trianon.
***1797** Le parterre de l'Orangerie (Versailles).
***1798** Etude (Versailles).
***1799** Le Parterre de Latone.
***1800** Esquisse.

MOREROD (Edouard). — 23, rue Fontaine, Paris.

***1801** Orage (étude).
***1802** Croquis russes (dessins).
***1803** Ciel bleu (étude).
***1804** Soir (étude).
***1805** Fête champêtre (pochade).
***1806** Études de têtes (dessin).
***1807** Modistes (dessin).
***1808** Trottin (dessin).

MOSTERMAN (Louis). — 19, rue des Mathurins, Paris.

*1809 Asperges (nature morte).
*1810 Côte de bœuf (nature morte).
*1811 Les bords de l'Oise à Auvers.
*1812 Les bords de l'Oise à Chaponval.
*1813 Pêches (nature morte).
*1814 Asperges et tomates (nature morte.

MOUCLIER (Marc). — 86, rue Blanche, Paris.

*1815 Vers le village.
*1816 Deux aquarelles.
*1817 Dans la prairie.
*1818 Cour de ferme.

MOUJON-GAUVIN (Mme Eugénie).—65, rue de Malte, Paris.

*1819 Eglise d'Osny (Seine-et-Oise).
*1820 Rue Mouffetard.
*1821 Place de la République (effet de neige).
*1822 Nature morte (homard).
*1823 Eglise de Gamaches (Seine-inférieure).
*1824 Eglise de Cergy (Seine-et-Oise).
*1825 Ferme de Kérity (Côtes-du-Nord).
*1826 Pont-Neuf (Paris).

MUGUET (Antoine). — Lieusaint (Seine-et-Marne).

1827 Etudes.

MUNCH (Ed). — Hôtel d'Alsace, 3, rue des Beaux-Arts, Paris.

1828 Portrait.
*1829 Une forêt.
*1830 Une nuit claire.
*1831 La pluie.
*1832 L'été.
*1833 Une nuit chaude.
*1834 La mère.
*1835 Une femme.

MURER (Eugène). — 52, rue Laffitte, Paris.

*1836 Tête de veau (nature morte).
*1837 Dahlias, cactus.
*1838 Tournesols.
*1839 Roses trémières.
*1840 Coquelicots doubles.
*1841 Chrysanthèmes.
*1842 Pivoines.
*1843 Pivoines.

MURET (Albert). — Lens, par Granges (Suisse).

*1844 La fée qui file.

NAUDIN (Bernard). — 13 *bis*, rue Campagne-Pre-mière, Paris.

1845 La charge (Valmy 1792).
1846 Le faubourg Saint-Antoine 1814.
1847 Le plateau.
1848 Une place le dimanche en province.

NICOLAS (Auguste-Jules). — Place de l'Isle-de-Kerléau, à Brest.

1849 Étude de femme nue (pastel).
1850 Étude de femme nue (pastel).
1851 La mère Lebreton (étude pastel).
1852 Vieille bretonne en prière (peinture).
1853 Panoplie de chasse (peinture).

NOBLOT (Marcel). — 6, rue Vercingétorix, Paris.

*1854 Route dans la Creuse.
*1855 Moulin du Pin-Creuse.
*1856 Jardin.
*1857 Place du Tertre, Montmartre.
*1858 Croquis.
*1859 Croquis.

NOEL (Mlle Geneviève), 5, place du Château, à Brest.

.1860 Tricoteuse bretonne de Saint-Thégonnec.

NONELL-MONTURIOL. — 50, rue Baja de San Pedro, Barcelone (Espagne).

*1861 Seure-Ginates.
*1862 Gitane.
*1863 Carmen.
*1864 Dolores.
*1865 Consuelo.
*1866 Esmeralda.
*1867 Pepita.
*1868 Lola.

NORMAND (Constant). — La Lande, par Beuzeville (Eure).

    *1869   Étude de fleurs.
    *1870   Paysage à Courcelles-lès-Gisors.
    *1871   Soleil couchant (étude).
    *1872   Perdrix (nature morte, aquarelle.)
    *1873   Paysage d'hiver à Bazincourt (aquarelle.
    *1874   Cricquebœuf (vieille église dite « le Lierre de Cricquebœuf », aquarelle).
    *1875   Ruines du château de l'Ours, environs de Montluçon (aquarelle).
    *1876   Honfleur (dessin rehaussé).

O'CONOR (Roderic). — Hôtel des Voyageurs, Pont-Aven (Finistère).

    *1877   Sur la côte (Finistère).
    *1878   Le Gué, Montigny-sur-Loing.
    *1879   La vague.
    *1880   Lezaven, la ferme de Finistère.
    *1881   Pleine mer.
    *1882   Remous.
    *1883   Fruits.

OTT (Lucien). — 6, rue des Filles-du-Calvaire, Paris.

    *1884   Etude de Bretagne (aquarelle).
    *1885   Etude de Bretagne (aquarelle).
    *1886   Etude de Bretagne (aquarelle).
    *1887   Etude de Bretagne (aquarelle).
    *1888   Etude de Bretagne (aquarelle).

*1889   Etude de Bretagne (aquarelle).
*1890   Etude de Bretagne (aquarelle).
*1891   Etude de Bretagne (aquarelle).

OTTOZ (Emile). — 7 *bis*, rue Duperré, Paris.

*1892   Bords du Grand-Morin.
*1893   Chaumière normande.
*1894   Intérieur normand.
*1895   Vieille ferme.
*1896   Cour de ferme.
*1897   Porche de ferme.
*1898   Saules, matinée.
*1899   Pommes d'hiver.

OULÈS (Henri-Joseph-Martin-Paul). — 72, boulevard du Port-Royal, Paris.

*1900   Montfort l'Amaury (Chatelluis).
 1901   Le chêne Rogneux.
*1902   Montfort l'Amaury (Groussay).
*1903   Etudes.
*1904   Forêt de Rambouillet.
 1905   Mare de la Boursilière (bois de Verrières).
*1906   Bords de l'Agout, aux environs de Castres.
*1907   Montfort l'Amaury (la Millière).

PAILLER (Henri). — 39, quai des Grands-Augustins, Paris.

*1908   Le moulin de la Folie, soleil d'hiver (Creuse).

*1909 Neige, temps gris (Creuse).
*1910 La Cédelle (Creuse).
*1911 Le chemin de Vitrat (Creuse).
*1912 Un coin de jardin temps de pluie.
*1913 Le moulin de la Folie, le soir.
*1914 Ecluse du moulin Bara.
*1915 Le moulin Bara, soleil d'automne (Creuse).

PARISOT (Stanislas). — Rue de la Fontaine, Porche-fontaine-Versailles.

1916 L'éternelle humanité.

PARMANTIER (Gustave-Alexandre). — 117, boulevard Brune, Paris.

*1917 Nature morte (fruits).
*1918 Des roses dans un vase.
*1919 Jonquilles et violettes.

PAVIOT (Louis). — 32, rue des Dames, Paris.

*1920 La table.
*1921 Le thé.
*1922 Square.
*1923 Peupliers d'Italie.
*1924 Baigneuses.
*1925 Femme blonde.
*1926 Parc.
*1927 Femme au bas.

PENNEQUIN-DELORME (A.) — 128, avenue du Maine, Paris.

1928 Le port du Crotoy (Somme). Appartient à M. Prelier.
1929 La Butte-aux-Cailles, rue Brillat-Savarin.
1930 Le moulin de Bernay (Somme).
1931 L'église du Crotoy (Somme).
1932 Coin de Marne, près Lagny.

PENOT (Eugène-Edouard). — 25, rue Cail, Paris.

***1933** Sur les sables, à Cayeux.
***1934** Barques de pêche.
***1935** La Somme à Pont-Noyelle.
***1936** Marée montante à Bernières.
***1937** Avant les régates.
***1938** Le Pont d'Austerlitz.
***1939** La Seine à Triel (crépuscule).
***1940** Marée basse à Onival.

PÉRINET (Louis-André). — Avenue Eugène-Delaphache, à Combs-la-Ville-Quincy (Seine-et-Marne).

***1941** Lever de lune, Ile de Bréhat (C.-d-Nord).
***1942** Crépuscule sur la lande, Ile de Bréhat (Côtes-du-Nord).
***1943** Effet d'orage sur la lande, Ile de Bréhat, (Côtes-du-Nord).
***1944** La Croix de Modez. Lever de lune, Ile de Bréhat (Côtes-du-Nord).
***1945** Chaumières au crépuscule, Ile de Bréhat (Côtes-du-Nord).

***1946** Temps gris, Ile de Bréhat (Côtes-du-Nord).

***1947** Retour de pêche, Ile de Bréhat (Côtes-du-Nord).

PETIT (Henri). — 63, avenue Félicie, à la Varenne-Saint-Hilaire (Seine).

1948 Portrait d'homme.
1949 Rêverie.
1950 La Rose.

PETITJEAN (Hippolyte). — 12, rue du Parc-Montsouris, Paris.

***1951** Portrait.
***1952** Baigneuse.
***1953** Coin de jardin.
1954 Etude de femme.
***1955** Intérieur de cour.
***1956** Paysage.
***1957** Paysage.

PÉTINIAUD-DUBOS (Charles). — 67, rue Rochechouart, Paris.

***1958** Messidor.
***1959** Le Nid.
***1960** Aux champs.
***1961** Pauvreté.
***1962** Solitude.
***1963** Paresse.
***1964** Romanichels.
***1965** Pureté.

PHILIBERT DE CHALARIEUX (Mlle Marie). — 27, faubourg-Saint-Denis, Paris.

1966 Portrait de M. B.
1967 Paysage (Allier).
1968 Paysage (Suresnes).
1969 Roses.

PICABIA (Francis). — 15, rue Hégésipe-Moreau (villa des Arts), Paris.

*1970 Les vieux moulins à Moret.
*1971 Lavoir sur le Loing.
*1972 Les vieux moulins (temps gris).
*1973 Péniche sur le Loing.
*1974 L'église de Moret.
*1975 Temps gris (Moret).
*1976 Intérieur de cour (Moret).
*1977 Bords de la Seine (Paris).

PIERREPONT (Cléry-Auguste). — 8, rue Amyot, Paris.

*1978 Château et parc de Saint-Pierre-du-Val (Eure).
*1979 Vallée de la Bièvre.
*1980 Vallée du Lot (entrée d'un hôpital à Preyssac).
*1981 Fleurs et sujet (étude).
*1982 Dans les sainfoins.
*1983 Bords de Marne le soir.
*1984 Soleil levant d'hiver.
*1985 Soleil levant d'été.

PIET (Fernand). — 38, rue Rochechouart, Paris.

*1986 Lavoir à Morlaix.
*1987 Au Moulin de la Galette.
*1988 Marché de la vaisselle à Pont-Labbé.
*1989 La gavotte à Loctudy.
*1990 Petites bonnes lorientaises.
*1991 Laveuses à Morlaix.
*1992 Parisienne (étude).
*1993 Square Montholon.

PILATRIE (Victor-Louis). — 9, rue Falguière, Paris.

*1994 Bateaux sardiniers au mouillage.
*1995 Les récifs du Paon (Bréhat).
*1996 Étude de bateaux (Bréhat).
*1997 Étude de rochers (Camaret).
*1998 Port de pêche.

PIROLA (René). — 108, boulevard Magenta, Paris.

*1999 Études (grisailles).
*2000 Port de Dieppe (brouillard).
*2001 Chantier.
*2002 Jardin à Montmartre.
*2003 Étude.
*2004 Étude.
*2005 Étude.
*2006 Étude.

PIVAND (Henri). — 9, rue Fontaine-au-Roi, Paris.

2007 Nogent-le-Roi.
2008 Nature morte (anémones).

PLUMET (Léon-Jean). — 30, rue Trézel, Paris.

2009 Femme en peignoir rose.

POETZSCH. — 69, rue de Douai, Paris.

*2010 L'apéritif-concert.
*2011 L'accouchée.
*2012 Femme au tub.
*2013 Intérieur.
*2014 Femme au tub.
*2015 Bateaux (lac Léman).
*2016 Crépuscule.

POINAT (Jules). — Au Prieuré, Saint-Rambert-sur-Loire (Loire).

Impressions d'hiver en Provence :

*2017 L'église de Caromb (Vaucluse).
*2018 Au moulin de la Quintine (Vaucluse).
*2019 Le Pas des chèvres, Les Roques (Vaucluse).
*2020 Le vieux puits, moulin de la Quintine (Vaucluse).
*2021 Mormoiron (Vaucluse).
*2022 Le vieux Mormoiron (Vaucluse).
*2023 Chemin de Loriol (Vaucluse).
*2024 Environs de Vacquéras (Vaucluse).

POULAIN (Edmond). — 25, rue Gay-Lussac, Paris.

*2025 Le soir à Billancourt.
*2026 Crépuscule.
*2027 Aprè-midi d'automne.
*2028 Matinée d'automne.

POZIER (Jacinthe). — Eragny, par Gisors (Eure).

  *2029   Allée de Kerampercheke, Pont-Aven.
  *2030   Maison sur l'Aven.
   2031   Intérieur à Eragny.
  *2032   Une rue à Pont-Aven.
  *2033   Falaises de Varengeville.
  *2034   Moulin-Limbour, Pont-Aven.
  *2035   Ferme de Kerskaff (Finistère).
  *2036   Vallée près Pont-Aven.

PRIEUR (Félix). — 43, rue des Tournelles, Paris.

  *2037   Fin de journée, paysage (peinture).
  *2038   A Créteil, paysage (peinture).

PRODHON (Emile). — 3, rue de Loos, Paris.

  *2039   La Marne à Anet, effet d'orage.
  *2040   La Marne à Champigny, effet de neige.
  *2041   La Marne a Anet (matin).
  *2042   Étude, Anet (Seine-et-Marne).
  *2043   Étude.
  *2044   Étude.
  *2045   Le pont de Nogent-sur-Marne (Seine).
  *2046   Étude.

PRUNIER (Gaston). — 24, rue Dombasle, Paris.

  2047   Cirque de Colomès (Pyrénées-Orientales).
  2048   Bassin de la Villette.
  2049   Falaises de Sainte-Adresse, au Havre.

2050 Abbaye de Graville, Sainte-Honorine.
2051 La côte Sainte-Marie, au Havre.
2052 La Tréfilerie Lazare Weiler, au Havre.
2053 Nuages sur la montagne.
2054 Nuages sur la montagne.

PUY (Jean). — 69, rue Lepic, Paris.

*2055 Femme en rouge.
*2056 Petite fille à âne.
*2057 Nature morte d'hiver.
*2058 Bois de pins au crépuscule.
*2059 Petites filles cousant.
2060 Sur une falaise.
*2061 Les flaneurs de Sauzon (Belle-Ile-en-Mer.
*2062 Port de Sauzon, un beau matin.

QUINTINIE (Léon de la). — 34, rue de la Faisanderie, Paris.

*2063 Les vieux châtaigniers, derniers rayons du soleil.
*2064 Matinée d'été, étang de Ville-d'Avray.
*2065 Bouleaux, effet d'automne.
*2066 Matinée d'automne, étang de Ville-d'Avray.
*2067 Automne, temps gris.
*2068 Le soir.
*2069 Notre mère Eve.

RANSON (Paul-Elie). — 175, boulev. Péreire, Paris.

*2070 Rocher du Vignemale, forêt d'Escure.
*2071 Le parc.

*2072 Les bruyères.
*2073 Le tronc aux fées.

RAOUL MARIE (Edmond). — 18, rue de Mesmes, à Bougival (Seine-et-Oise).

2074 L'étang de Saint-Cucufa.
2075 Le mendiant.
2076 Bords de Seine à Bougival.
2077 La dormeuse.
2078 Chemin de halage à Bougival.

RECULON (Joanny). — 109, rue du Théâtre, Paris.

*2079 L'Aube, panneau décoratif.
*2080 Couverture pour une revue.
*2081 Couverture pour une revue.
*2082 Calendrier.
*2083 Bords de la Somme à Abbeville (aquarelle).
*2084 Forêt de Fontainebleau (aquarelle).
*2085 Anciennes fortifications à Abbeville (aquarelle).

REGOYOS (Dario de). — San Sebastien Mugica-enea (Espagne).

Impressions du soir, Espagne :
*2087 Les moines
*2088 L'impasse des amoureux.
*2089 Lumière électrique à Tolède.
*2090 Ancienne Mosquée.
*2091 Pluie d'automne.

***2092** .Lumière électrique (Castille).
***2093** Effet de soir à Passages.

RENY (Mlle Renée). — 11 *bis*, rue Marbeuf, Paris.

***2094** La favorite.
***2095** Nature morte.

RIBOT (Mme Louise). — 40, avenue des Pages, Le Vé-
sinet (Seine-et-Oise.)

2096 La surprise.
2097 L'Étude.
2098 Mlle Suzanne.
2099 Portrait de M. Urbain Gohier.

RICHARD (Mme Anna). — 36, avenue de Châtillon,
Paris.

***2100** Étude de femme.
***2101** Une corbeille d'oranges (nature morte).
***2102** Une étude de fille.
***2103** Un bouquet d'œillets.
***2104** Une branche de lys.
***2105** Une plante d'iris.
***2106** Une jetée de pivoine.
***2107** Un paysage.

RANFT (Richard). — Montévrain, par Lagny (Seine-
et-Marne).

***2108** Les chevaux de halage.
***2109** La soirée d'automne.
***2110** La neige au village.

*2111 La lavandière.
*2112 Les meules sous les neiges.
*2113 La lessive.
*2114 Une nuit au bois de Boulogne.
*2115 Le pont de la Tour (Londres).

ROBIN (Maurice-Louis-Ange). — 10, rue de Buci, Paris.

2116 Nana (étude).
*2117 Les Bagnards (lithographie).
2118 5 Dessins.
2119 5 Dessins.
2120 Une rue (peinture).
2121 Portrait de G. Syffert (peinture).
2122 La Seine, au Bas-Meudon.
2123 Le Louvre.

ROBY (Gabriel). — 32, rue de l'Arbalète, Paris.

2124 Jardin.
2125 Pont Marie (pastel).
2126 Marché Saint-Médard.
2127 Rue (pays basque).
2128 Vent du sud (pays basque).
2129 Intérieur (pays basque).
2130 Portrait de M. Ch. C.
2131 Portrait de M. Caro-Delvaille.

ROCHEFOUCAULD (Antoine de la). — 19, rue d'Offémont, Paris.

2132 Le Sermon sur la Montagne (partie d'une décoration pour l'église de Ménilles (Eure).

ROUART (Ernest-Henri). — 235, faubourg Saint-Honoré, Paris.

2136 Dans la rue.
*2137 Joueuses de balle.
*2138 Nu.

ROUSSEAU (Henri). — 36, rue Gassendi, Paris

2139 L'Isolé.
2140 Pour fêter le bébé !
2141 Vue de Paris, prise du quai d'Alfort-ville (soleil couchant).
2142 Bouquet de fleurs.
2143 Bords de la Marne (Nogent).
2144 Bords de la Marne (Charenton).
2145 Vue du bois de Boulogne.
2146 Coin du quai d'Ivry.

ROUSSEL-MASURE (Henri). — 6, rue Poussin.

2147 Effet de neige.
2148 Nature morte.
2149 Côte Sainte-Catherine.
2150 Quai aux Andelys.
2151 Maison dans les peupliers.
2152 Effet du soir.
2153 Maison au bord de l'eau.
2154 Paysage d'hiver.

ROUSSEL (Xavier). — L'Etang-la-Ville (Seine-et-Oise).

*2155 Allégorie.
*2156 Paysage.

ROUSTAN (Emile). — 2, rue du Haut-Pavé, Paris.

*2157   Vue de Venise (lithographie).
*2158   Portrait (peinture).
*2159   Paysage au Jardin des Plantes (lithographie).
*2160   Un coin du parc Montsouris (lithographie).
*2161   Tête de page (lithographie).
*2162   Sur la lagune, à Venise (lithographie).
*2163   Tête de femme (lithographie).

ROUX-CHAMPION (Victor-Joseph). — 17, rue Rousselet, Paris.

2164   Eglise Saint-Médard.
2165   Les pins.
2166   Une dame.
2167   Canal à Moret.
2168   Le pont à Moret.
2169   Vue d'Amsterdam.
2170   Nu (pastel).
2171   L'Eglise.

ROUX DE VALDONNE (Jean-Marie-Paul de). — 13, rue Ravignan, Paris.

*2172   Intérieur de cuisine.
*2173   Etude d'intérieur.
*2174   Intérieur d'écurie.
*2175   Vue de la ville de Fos-sur-Mer (Bouches-du-Rhône).
*2176   Pont romain en Provence.

RUIZ (Mme Lola de). — 43, rue Godot-de-Mauroi, Paris.

2177 Portrait de la marquise de V. S.
2178 Portrait de M. F. de R...
2179 Portrait de Mme R. de R...
2180 Portrait du général Ioung.
2181 Portrait de Mlle Suzanne D...

RYSSELBERGHE (Théo Van). — 41, rue Laugier, Paris.

2183 Femmes au bord de la mer.
2184 Petite fille.
2185 Les Pins, Saint-Tropez.
2186 Marine, Saint-Tropez.
2187 Marine, Boulogne.

SAINCÉRE (Mlle Jeanne). — 30, rue de Mirosmesnil, Paris.

*2188 Fruits (abricots).
*2189 Fruits (raisins et pommes).
*2190 Fleurs (tulipes et violettes).
*2191 Fleurs (anémones).
*2192 Nature morte.

SALWEN (Raguar). — 39, rue Delambre, Paris.

*2193 Madonna.
2194 Portrait.
2195 Lever du soleil en Suède.

SAMSON (Gustave). — 50, rue des Juifs, à Granville (Manche).

*2196   Repasseuse (intérieur).
*2197   A la tâche (pastel).

SARDIN (Albert-Edmond). — 13, rue de l'Yvette, Paris.

*2198   Près de la lampe.
*2199   Grisaille.
*2200   Matinée en Champagne.
*2201   Un coin d'Honfleur (pyrogravure).
*2202   Lapin.
*2203   Etude à Nesles-la-Vallée.
*2204   Matin au Bois-de-Boulogne.
*2205   Automne à Trivaux.

SCHOTTE (Mlle Sivi). — 36, rue Vaneau, Paris.

*2206   Motif de Hallond (Suède).
*2207   Les rochers, motif de Hallond (Suède).
*2208   L'hiver, motif des environs de Stockolm.

SCHUFFENECKER (Claude-Emile). — 4, rue Paturle, Paris.

2209   Etude pour un portrait (pastel).
2210   Un laissé pour compte (paysage).

SCHUTZE LÆGER (René). — 2, rue Aumont-Thé-ville, Paris.

*2211   Jeune fille et fleurs de pommier.
*2212   La Seine à l'île de la Jatte.

***2213** La Seine et le pont de la Jatte.
***2214** L'étang de la Bourdonnière.
***2215** Effet de nuit.
***2216** Crépuscule.
***2217** Lisière de forêt.
2218 Pommiers dans les seigles.

SÉGUIN (Arsène-Gilles). — 10, rue des Buissons, à la Garenne-Colombes.

***2219** Port Solidor (Saint-Servan).
***2220** Effets de neige en Hollande.
***2221** Bords de la Rance.
***2222** Moulins en Hollande.

SERMET (Robert). — 9, rue Bergère, Paris.

***2223** Meules ensoleillées (Normandie).
***2224** Meules ensoleillées (Normandie).
***2225** Ile de la Grande Jatte (matinée d'été).
***2226** Ile de la Grande Jatte (après-midi).
***2227** Ile de la Grande Jatte (matinée de printemps).
***2228** Effet d'automne (Marne-la-Coquette).
***2229** Le lever (pastel).
***2230** Nuit d'été (pastel).

SICKERT. — Neuville-lès-Dieppe.

2231 The Pork Pie Hat.
2232 Dieppe (appartenant à M. Frédérick Fairbanks).

2233 Le grand Duquesne (appartenant à
        M. Frédérick Fairbanks).
2234 Saint Jacques (appartenant à M. Fré-
        dérick Fairbanks).
2235 Bain de mer (appartenant à M. Frédé-
        rick Fairbanks).

SIGNAC (Paul). — 16, rue Lafontaine, Paris.

*2210 Sisteron.
*2211 Castellanne.
*2212 Saint-Tropez.
*2213 Auxerre (le pont).
*2214 Auxerre (le canal).
*2215 Auxerre (la rivière).
*2216 Bois de pins.

SILBERT (Max). — 13, rue Duperré, Paris.

2247 Idylle hollandaise.
2248 Sur la plage.
2249 Jeune fille hollandaise lisant la bible.
2250 Jeune fille hollandaise tricotant.
2251 Portrait de dame.
2252 Étude de paysanne hollandaise.
2253 Portrait.

SIMON (Marie). — 15, rue de l'Hospice, Elbeuf
(Seine-Inférieure).

2254 Bords de la Seine à Elbeuf.
2255 Paysage (étude).
2256 Paysage (étude).

***2257** Tête de vieille femme (étude pastel).
***2258** Vieille paysanne (lithographie origi-
nale).

SLAVONA (Mme Maria). — 4, rue de l'Orient.

***2259** Enfant avec chien.

SOFFICI DA RIGNANO (Ardengo). — 21, boulevard
Saint-Michel, Paris.

***2260** Fuite en Égypte.
***2261** Le nuage.
***2262** La maison et le nuage.
***2263** Canal.
***2264** Moulin aux corbeaux.
***2265** Le XV de l'enfer (étude).
***2266** Maisons endormies.
***2267** Dessins et gravures.

SON (Johannès). — 30, rue Fontaine, Paris.

***2268** La Porte de Bourgogne, à Moret (pastel).
***2269** Canal, aux Martigues (pastel).
***2270** Derniers rayons, à Bricqueville-les-
Salines (pastel).
***2271** Quatre pastels.
***2272** Quatre pastels.
***2273** Quatre études au bord du Suzan (Ain).
***2274** Grand canal, à Venise.
***2275** Matinée à l'étang de Varax (Ain).

SORDES (Paul). — 39, rue Dulong, Paris.

*2276 Femme parée.
*2277 Mime.
*2278 Femme parée.
*2279 Mme de Saint-Ange.
*2280 Deuil.
*2281 Tristesse.
*2282 Jeune homme.
*2283 Iris.

SOULL' ARD (Louis). — 17, passage Gourdon, Paris.

*2284 Pont-Audemer (l'Écluse).
*2285 Pont-de-l'Arche (intérieur de cour).
*2286 Pont-Audemer (la grande mare).
*2287 Crécy-en-Brie (maison au bord du Morin).
*2288 Paris (maison en construction, passage Gourdon).
*2289 Pont-de-l'Arche (soleil couchant au port).
*2290 Pont-Audemer (maison sur les bords de la Riele).
*2291 Chevreuse (les bords de l'Yvette au pont).

SOULLARD (Pascal). — 17, passage Gourdon, Paris.

*2292 Buste plâtre de M. J.-L.

SUC (Jules-Hippolyte). — 7, rue Roy, Paris,

*2293 Les auxiliaires de l'homme, la halte.
*2294 Promeneurs parisiens surpris par l'orage.

*2295 Bonsoir voisin.
*2296 Fumeur allumant son cigare dans l'obscurité.
*2297 Le vieux chaudronnier.
*2298 Le supplice de Tantale.
*2299 La jeune fermière.
*2300 Fantaisie satyrique (aquarelle).

SÜE (Gabriel). — 1, rue du Printemps, Paris.

2301 La grande Garenne.
2302 L'étang des Rouseaux (Dordogne).
2303 Paysage (étude).

SUE (Louis). — 17, rue Boissonnade, Paris.

2304 Portrait.
*2305 Nature morte (miroir).
*2306 Nature morte (roses).
*2307 Nu dans un ovale.
*2308 Nu dans un ovale.
*2309 Femme à la toilette.
*2310 Verdure.
*2311 Parc de Versailles.

SYLVANY (Michel). — 72, rue Laugier, Paris.

*2312 Nocturne.
*2313 Nocturne.
*2314 Nocturne.

TARKHOFF (Nicolas). — 7, rue Belloni, Paris.

*2315 Marine (Bréhat).
*2316 Un jour de neige.

*2317 Jour gris.
*2318 Rochers de Bréhat.
*2319 Marine.
*2320 Rue Saint-Martin.
*2321 Matin d'été.
*2322 Une fête de Montmartre.

TÉTARD (Mme Blanche). — 56, rue Notre-Dame-de-Lorette, Paris.

2323 Bourriche de pommes et poires.
2324 Cueillette du jardin.
2325 Cerises et brioche.
2326 Pêches.
2327 Fruits.
2328 OEillets.

TORENT (Evelio). — 8, rue Blanche, Paris.

*2329 Étude-portrait d'homme.
*2330 Marin irlandais.
*2331 Paysage (Bretagne).
*2332 Le vitrail (église d'Espagne).
*2333 A los toros (Espagne) (pastel).
*2334 Environs de Madrid (pastel).
*2335 Marché à Valencia (pastel).

TREVELYON (Mlle Hilda). — 43, avenue Victor-Hugo, Paris.

*2336 Portrait.
*2337 Matinée d'été.
*2338 Soirée de printemps.

*2339   Marché à Moret.
*2340   Marché à Moret.
*2341   Étude.
*2342   Étude.

TUCH KURT. — 65, boulevard Arago, Paris.

*2343   Jeu d'enfant.
*2344   Intérieur.

TZAUD (Mlle Aymée). — 76, avenue des Ternes, Paris.

2345   Portrait de M. B... (pastel).
2346   Mon portrait (pastel).
2347   Portrait de Mme T... (pastel).
2348   Portrait de M. O. L... (pastel).
2349   Portrait de Mme X... (pastel).
2350   Jeune fille (étude, pastel).

URBAIN (Alexandre). — 3, rue de Bagneux, Paris.

*2351   Un beau jour de septembre au Fenampt.
*2352   Les noyers du Fenampt.
*2353   La ferme abandonnée (soirée de novembre).
*2354   Oliviers au couchant (Florence).
*2355   Le Fenampt.
*2356   Étude.
*2357   Une salle du Palais-Vieux, à Florence.

URBAN (Ernesta) (Veuve de Castro). — 45, rue de
la Tour, Paris.

*2358   Progrès.
*2359   2 toiles dans un cadre.

VACQUIER (Jules-Félix). — 17, rue des Fossés-Saint-
Martin, à Tours (Indre-et-Loire).

*2360   Portrait de Mlle Fernande M.
*2361   Portrait de Mlle J. M.
*2362   Portrait de l'auteur.
*2363   Atelier improvisé.
*2364   Le 19 Juin 1807.
*2365   Arrivée des retardataires (étude).
*2366   Méditation pendant le retour (étude).
*2367   Le pied sur le brandon (étude).

VALLOTTON (Félix). — 6, rue de Milan, Paris.

*2368   Cour de ferme normande.
*2369   Verger.
 2370   Portraits.
*2371   Le vieux bassin (Honfleur).
*2372   Étude de nu.
*2373   Étude de nu.

VALTAT-DELION (François-Victor). — 17, rue
Montebello, Versailles.

2374   Etude.
2375   Etude.
2376   Etude.
2377   Etude.

2378 Etude.
2379 Marine.
2380 Marine.
2381 Marine.

VALTON (Edmond-Eugène). — 131, avenue Parmentier, atelier : 44, rue Fessart.

*2382 La Martinique.
*2383 Fin de bourrasque.
*2384 Porteurs de boucherie.
*2385 Daphnis et Chloé.
*2386 Le vieux des ajoncs (légende bretonne).
*2387 Soleil levant sur les glaciers.
*2388 Sur la plage (Bretagne).
*2389 Poésie des ruines (Provence).

VAN BUSKIRK (Mlle C.). — 111, rue Notre-Dame-des-Champs, Paris.

*2390 Avant la pluie.
*2391 Quai Verté.
*2392 Octobre.
*2393 A Varangeville.
*2394 La meule.
*2395 Luxembourg (étude).
*2396 Les moulins.
*2397 Les toits rouges.

VAN RYSSEL (Louis). — Auvers-sur-Oise (Seine-et-Oise).

2398 Portrait du docteur X...
*2399 Les chaumes de Chaponval.

2400 Resurrection (eau-forte et aquarelle).
2401 Martyr (Mme L. M.).

VAN WAEYENBERGE (Édouard). — 23, rue du Faubourg-Poissonnière, Paris.

2402 Bords de l'eau, après-midi.
2403 L'abreuvoir de Villiers, matin.
2404 Un coin de Villiers, matin. Appartient à Mme Ragoneaux.
2405 Les prés, après-midi.
2406 Les blés, le soir (pochade).
2407 Matinée d'automne.
2408 Tête d'enfant (étude-dessin).

VERNET (Paul). — 56, avenue La-Celle-Saint-Cloud Vaucresson (Seine-et-Oise).

*2409 Étude.
2410 Étude. Appartient à M. Francis Jourdain.
2411 Étude. Appartient à Mme V.
*2412 Étude.
*2413 Étude.
*2414 Étude.
*2415 Étude.
*2416 Étude.

VIEILLARD (Maurice-Émile). — 108, rue Caulaincourt, Paris.

*2417 Relai, pont Caulaincourt.
*2418 Sous la Hêtraie.

*2419 Place Pecqueur.
*2420 Place Pecqueur (la nuit).

VILLÉON (Emmanuel de la). — 94, rue du Bac, Paris

*2421 Chemin sous la neige.
*2422 Le Chalet Landry (neige).
*2423 Le Lac (automne).
*2424 Le saut de l'Eau (panneau décoratif).
2425 Vallée de la Viège.
*2426 Le torrent (panneau décoratif).
*2427 Chemin de Noréat.
*2428 Vallée de Noirvaux.

VITAL LACAZE (Joseph). — 34, rue Lacépède, Paris.

*2429 Notre-Dame (Paris).
*2430 Coin de Gascogne.
*2431 Coin de Gascogne.
*2432 Coin de Gascogne.
*2433 Coin de Gascogne.
*2434 Coin de Gascogne.

VUILLARD (Jean-Édouard). — 28, rue Truffaut, Paris

*2435 Port d'Honfleur.
*2436 Coin de fenêtre.

DE WEERT (Mme Anna). — 1, rue des Hospices, à Gand.

D'un premier étage :

2437 Derniers rayons (pastel).
2438 Temps de pluie (pastel).

2439 Matin d'hiver (pastel).
2440 Jour morne (pastel).
2441 L'hôpital la nuit (pastel).
2442 La floraison des ormes (pastel).
2443 Mon jardin sous la neige (peinture à l'huile).

WILLAUME (Georges). — Daigny, par Bazeilles (Ardennes).

***2444** Un théâtre, à Pao-Ting-Fou.
***2445** Rue de village.
***2446** Dans la cour.
***2447** Les jardins.

WITTIG (Édouard). — 14, avenue du Maine, Paris.

***2448** Le fardeau, cariatide plâtre pour être exécuté en pierre.
***2449** Destin, projet de tombeau demi-grandeur naturelle.
***2450** Le chemineau, grès flammé de Méthey.

YVONNEAU (Alfred). — rue de la Butte, à Blois (Loir-et-Cher).

***2451** Dessus de porte décoratif. « La dernière lettre de Clarisse Harlow. »
***2452** Eaux de tanneries.
***2453** Le canal du Loing, à Montargis.
2454 Portrait.

ZURICHER (Ulrich-Wilhelm). — 7, rue des Saints-
Pères, Paris.

*2455   Un rocher.
*2456   Petit chevrier.
*2457   Paysage alpestre.
*2458   Au bord du Rhin.
*2459   Paysages.
 2460   Portrait de Mlle B.
 2461   Portrait de M. B.
 2462   Portrait de M. K.

L'ÉMANCIPATRICE (imp. communiste), 3, r. de Pondichéry, Paris (xve). — 3896-3-03